Editorial

Liebe Leserinnen und Leser,

Sie halten die dritte Ausgabe von „Geschichte & Geschichten" in Händen. Mit diesem Magazin wollen wir – der Arbeitskreis Geschichte & Geschichten der Stadt Herbolzheim" – zusammen mit Ihnen bekannte und unbekannte Aspekte der Geschichte und der Gegenwart von Herbolzheim, Bleichheim, Broggingen, Tutschfelden und Wagenstadt erschließen. Jede Nummer des Magazins ist einem Schwerpunktthema gewidmet. Dieses Mal möchten wir das Wirtschaftsleben unserer Gemeinde in den Blick nehmen. Selbstverständlich konnten nur einzelne Akteure und Betriebe berücksichtigt werden. Wir freuen uns jedoch auf Ihre Berichte und Zusendungen, die dann in einer späteren Broschüre veröffentlicht werden können. Herzlichen Dank allen, die bereit waren, uns beim Erstellen dieser Ausgabe zu unterstützen.
Wir wünschen Ihnen ein interessantes und vielleicht auch überraschendes Leseerlebnis.

Arbeitskreis Geschichte & Geschichten
der Stadt Herbolzheim

Claudia Bühler, Andreas Urs Sommer, Chris Roser,
Thomas Reitzel & Manfred Schmidt

Vorwort

Liebe Leserinnen, liebe Leser,

Wie viel unserer Lebenszeit verbringen wir wohl mit Ertragsarbeit? Vermutlich einen beträchtlichen Anteil. Unsere Arbeit prägt wesentlich unseren Alltag und unser Leben. Ja, mehr noch: Unsere Arbeit prägt auch unser gesellschaftliches Zusammenleben. Das, was hergestellt, produziert, geschaffen und gefertigt wird, und wie und wo es hergestellt wird, hat ganz konkrete Auswirkungen etwa auf den Lebensrhythmus und auch bis hin zu Gebäuden in unseren Ortschaften; Gebäude, die Handwerk, Handel und Gewerbe benötigen und brauchen.

Umso dankbarer bin ich den Mitgliedern des Arbeitskreises „Geschichte & Geschichten“, dass sie sich in dem vorliegenden Magazin dem Wirtschaftsleben hier bei uns vor Ort in Herbolzheim und den Ortsteilen widmen. Dadurch bekommen wir Einblick in das Leben früherer Zeiten und das Zusammenleben unserer Vorfahren. Wir können manches besser verstehen und zugleich auch entdecken, wie sehr sich gerade die Arbeitswelt in den vergangenen Jahrzehnten verändert und gewandelt hat. Sie, liebe Leserinnen und Leser, die Sie dieses Heft nun in Händen halten, dürfen sich auf eine anregende Lektüre freuen und hoffentlich auch so manches Neue erfahren.

Tauchen Sie ein in die Geschichte und die Geschichten des Wirtschaftslebens bei uns hier im nördlichen Breisgau.

Ihr
Thomas Gedemer

Bürgermeister

Inhaltsverzeichnis

Grüss Gott mit hellem Klang!

Die Anfänge der Herbolzheimer Zünfte[1]

In den bisherigen Veröffentlichungen zur Geschichte der Stadt Herbolzheim lag das Interesse hauptsächlich auf zwei Eckdaten: Marktrechtsverleihung von 1589 und Stadtrechtsverleihung von 1810. Beim Blick auf beide für die Entwicklung Herbolzheims wichtigen Stationen wurde wiederholt die Bedeutung des örtlichen Gewerbes hervorgehoben. In der folgenden Studie über die Anfänge der Handwerkszünfte wird die Frühzeit des Gewerbes in Herbolzheim näher beleuchtet. Damit soll eine der Voraussetzungen für die heutige Stellung Herbolzheims als Industrie- und Handelsstadt aufgezeigt werden.

Die ursprüngliche Idee, das Zunftwesen in Herbolzheim im 19. Jahrhundert auf Grundlage der Akten des Stadtarchivs Herbolzheim darzustellen[2], wurde aufgegeben, nachdem sich überraschende und nicht unbeträchtliche Funde im Generallandesarchiv Karlsruhe und im Stadtarchiv Freiburg zur älteren Zeit der Herbolzheimer Zünfte ergeben hatten. Das Gesamtthema „Zunftwesen in Herbolzheim" wurde daher aufgeteilt in die vorliegende „Vorstudie" zu den Anfängen der Zünfte und in eine allgemeine „Geschichte der Herbolzheimer Zünfte", die erst zu einem späteren Zeitpunkt nachgeliefert wird.

Wollte man für das Zunftwesen in Herbolzheim ein herausragendes Datum nennen, müsste man dieses in den Jahren zwischen 1740 und 1760 suchen. Aus dieser Zeit sind in Karlsruhe und Freiburg drei Zunftordnungen mit amtlicher Korrespondenz erhalten:

1. eine Zunftordnung der Leinenweber[3]. Diese Zunftordnung ist die älteste erhaltene Quelle zur Zunftgeschichte Herbolzheims; die vorliegende Abschrift datiert von 1740.
2. eine Zunftordnung der Schuhmacher[4]. Die ratifizierte Form von 1746 - angeschlossen sind zwei Entwürfe, deren älterer von 1741 datiert ist - im Anhang ediert.
3. eine Zunftordnung der Wagner und Schmiede[5]. Sie datiert von 1758 und ist somit die jüngste in dieser Reihe.

Die Gliederung der folgenden Studie ergibt sich aus dieser Reihenfolge. Nach einigen Überlegungen zur Zunftorganisation und zur Bedeutung des Marktes für die Entstehung von Zünften folgen Einzelkapitel zu den Leinenwebern, Schuhmachern, Wagnern und Schmieden sowie zu den Metzgern, die eine Sonderrolle einnehmen, da bei ihnen die Quellenlage sehr schlecht ist. Die gewonnenen Ergebnisse werden am Schluss nochmals kurz zusammengefasst. Im Anhang folgt die Edition der Zunftordnung der Schuhmacher.

Darstellung der Herbolzheimer Gewerke. An den Säulen sind Zunftwappen zu sehen. Ansichtskarte von 1923.

Gasthaus zur Sonne (Hauptstraße) 1898. Die Sonne war 1839 Zunftherberge der Herbolzheimer Metzger und Bäcker.

ist für die Zeit nach 1740 eindeutig belegt:
Die Leinenweber hatten den Schultheißen Franz Anton Sartori (1731-1758) zum Obmann; die Schuhmacher, welche sich etwas später organisierten, wollten, obwohl ihnen der Kenzinger Oberamtmann Joseph Ignatz von Schmidfeld als Obmann vorgeschlagen wurde, ebenfalls den Herbolzheimer Schultheißen, da sie sonst ihre Zunftherberge in Kenzingen hatten aufschlagen müssen. Auch die Zunftordnung der Wagner und Schmiede wurde von einem Obmann in Herbolzheim ausgestellt.[22]
Dass es ein Obmannsamt in Herbolzheim bereits vor 1740 gegeben hat, beweist ein Ratsprotokoll vom 21. Marz 1733 über die jährliche Verpachtung der Herbolzheimer „Metzig".[23] Der bei den Verhandlungen anwesende Obmann Johann Jacob Cuon war selbst Metzger und Rebstockwirt (mögliche Zunftherberge). Gerade in seiner Person wäre die Verbindung zwischen Amt und Gewerbe augenfällig, könnte nachgewiesen werden, dass es zu dieser Zeit bereits eine Metzgerzunft in Herbolzheim gegeben hat. Die früheste Nachricht über eine Metzger- und Bäckerzunft datiert aus dem Jahr 1804, als deren Handwerksartikel (Zunftordnung) von der Österreichischen Regierung in Wien bestätigt wurden.[24]
Folgende Ergebnisse können festgehalten werden: Das Zunftwesen im Marktflecken Herbolzheim wurde in den Jahren zwischen 1740 und 1760 neu organisiert, gleiches gilt für die anderen Landorte der Herrschaft Kürnberg. Man kann geradezu von einer Neuordnungs- und Neugründungswelle zu dieser Zeit sprechen, die zunächst die zahlenmäßig am stärksten vertretenen Leinenweber ergriff, welchen die Schuhmacher, Wagner und Schmiede der Herrschaft Kürnberg mit kurzem Zeitabstand folgten. Vor 1740 hatte mit Gewissheit bereits eine kürnbergische Weberzunft bestanden, deren Entstehungszeit eventuell bis ins frühe 17. Jahrhundert zurückreichen kann. Die Zunftorganisation der Herbolzheimer Schuhmacher, Wagner und Schmiede vor Mitte des 18. Jahrhunderts kann noch nicht endgültig geklart werden, hier bedürfte es, wie auch bei den Metzgern, noch weiterer Forschungen.
Die Phase der Neuorganisation zwischen 1740 und 1760 zeugt vom wirtschaftlichen Aufschwung des Marktfleckens Herbolzheim und der umliegenden Landorte. Die Schuhmacher nannten ausdrücklich die große Zunahme ihrer Gewerbegenossen infolge des wirtschaftlichen Aufschwungs in Herbolzheim als Grund zum zünftigen Zusammenschluss. Diese Aussage korreliert mit der eingangs gemachten Aussage, dass es die Sorge

um Produktabsatz und ausreichendes Einkommen war, welche die Gewerbetreibenden zum Zusammenschluss in Zünften zwang. Dies gilt für Herbolzheim umsomehr, als hier, entgegen den Dörfern der Umgebung, nicht mehr nur das notwendigste Handwerk für den ortseigenen Bedarf im Nebenerwerb betrieben wurde, sondern für die regelmäßig stattfindenden Märkte produziert wurde, die auch auswärtige Käufer anzogen.

Die Zunftordnung der Schuhmacher von 1746[25]

Articul und Ordnung eines ehrsamben Handtwerckhs der Schuemachern deren Herrschafft Kürnbergs Ortschaften. Demnach sich die Anzahl der Schuemacheren in besagtt[er] Herrschafft kürnbergischen Orthen von Zeit zu Zeith vermehren thuet, wordurch man veranlasset wird, eine Handwerckhszunfft in dem V[order]ö[sterreichischen] Marckthfleckhen Herboltzheim gleichwie es vor Jahren allda auch gewesen, umb bessere Ordnung und Satzung zu halten, aufzurichten, und umb so mehrers, well in allen umbligenden Marckthfleckhen auch theils in Dörferen, Handwerckhszünfften gehalten werden bedacht zu seyn werckhthättig zu machen, und in standt gestellet werden möge; Als seynd auf ratification löb[lichen] V[order] ö[streichischen] Ambts Kürnberg nachfolgende puncten, welchen die Handwerckhern gehorsamblich nachgeleben sollen, aufgesezt worden, als nemblich sind

1mo Soll allezeit zu grösserer Ehr Gottes und seiner unbefleckht übergebenededayt[en] jungfräulichen Mutter Maria, wie auch zu Ehren der zwey heyl[igen] Martyrern Crispinus und Crispinianus als Zunfftpatronen, an eben disen Festtag diser 2 Heyl[igen] ein Lobambt für die Lebendige, und ein Seelmess für die Abgestorbene gehalten werden, bevor aber alle Maister des Schuesterhandtwerckhs auf der verordneten Herberg sich einfinden, und von dar in guter Ordnung in die Kirchen gehen, so dan dem Gottesdienst fleissig beywohnen, nach dessen

Gasthaus zur Sonne (Hauptstraße) auf einer Ansichtskarte von ca. 1900. Die Sonne war 1839 Zunftherberge der Herbolzheimer Metzger und Bäcker.

Ehemaliges Gasthaus zum Adler (Hauptstraße), Bild von ca. 1960. Der Wirt Michael Kuenzer war 1823 Mitglied der Herbolzheimer Metzgerzunft.

Schuhhaus Hilarius Meyer (Ecke Haupt- / Steigstraße) um 1910. Davor Schuhmachermeister Hilarius Meyer mit Frau und Sohn.

Vollendung widerumb in aller Ordnung auf die gewöhnliche Herberg sich begeben.
Wan dan ein oder ander diser Zunft Zuegethaner an disem Jahrtag ohne wichtige Ursach ausbleiben thätte, der solle ein Vierling Wax dem Heyl[igen] und dan dem Handwerckh zehen Schilling zur Straff erlegen.
2do an erweltem Jahrtag soll Jahrs ein Zunfft und zwey Kertzenmaister /: worzue das Handwerckh ei-nen am tauglichsten zu seyn erkennet :/ erwöhlet werden, und wan ein Schueknecht dahier verlanget Maister zu wird[en] und sich einzulassen, der soll sein benöthigtes Lehrattestatum beybringen, nicht weniger nach Handwerckhs Gebrauch die 3 Wandersjahr vollkomentlich in der Frembde erstrecket haben, er seye gleichwohlen ein Maister Sohn oder nicht, es wäre dan die augenscheinliche Ursach, daß ein solcher wegen Ansehung der Elteren, welche mit größtem Mangel ihr[en] Sohn in die Fremde zu schickhen verschonet werd[en] solle. Im Gegentheil aber die Jenige, so nit gewande[r]t, hab[en] für jedes Jahr der abgehend[en] Wanderszeit allerg[nä]d[ig]ster Herrschafft drey Gulden rauher Wehrung, und so vill dem Handwerckh erlegen. Ein Gelehrter der kein Maisters Sohn ist, hat das Maistergelt mit 12 f (Gulden) dito Wehrung zu entrichten, worvon allerg[nä]d[ig]ster Herrschaft die Helffte, der Zunfft die and[er]e Helffte zuefalt, und dan dem Handwerckh den Maister-trunckh mit 2 f darreichen; Jenige aber, die Maisters Söhn seynd sollen vom Maistergelt befreyt seyn, und nur seinen Mitmaystern den ermelten Maistertrunckh zu geb[eb] verbunden werd[en], und seyn soll[en];
3tio Ein jeder Mayster, der einen Lehrjungen anzunem[m]en willens, der soll Ihn vor offener Laden aufdingen, und ledigsprechen lassen, die dessentwegen ergangene Zöhrungskosten hat der Meyster, und Lehrjung jeder die Helffte zu ent-richten in beeden Mahlen soll er Lehrjung jedes Mahl a 10 Schilling in toto 20ß (Schilling) erlegen, bevor aber das diser aufgedingt wurde, mag er 14 Tag zu probieren bey einem Mayster in Arbeith stehen, alsdann dreysig Gulden rappen Wehr[ung] Lehrgelt, nemblich die Helffte beym aufdingen, die andere Hefte nach Verlauf der halben Lehrzeit zu bezahlen haben, jeder Lehrjung ist verbunden die gewöhnliche 3 Jahr zu lernen.
4to Es solle ein Mayster keinen Lehrjungen annemmen, er seye dan anvor drey Jahr Mayster gewesen, und so fern eines Lehr jungen Mayster das Zeitliche verlassen würde, oder sonsten eine Stridtigkeith entzwischen dem Mayster und Lehrjungen sich eraignen thäte

so soll nach Erkantnuss eines ehrsamben Handwercks dem L[ehr] jung ein anderer Mayster, umb vollständig auszulernen, gegeben werden, und wann ein solcher Mayster einen Lehrjungen ausgelernt, und ledig gesprochen, so soll er 2 Jahr zuwarthen, ehe er widerumb einen Lehrjungen annehmen darf, bey Straff zwey Gulden rauher Wehrung, worvon allergnädigster Herrschaft die Helffte. die andere Helffte dem Handwerck zufallet

5to Wan nach Absterben eines Mesters dessen hinderlassen Wittib das Handwerck forth zu treiben gesinnet wäre, solle Sye /: wan Sye keinen tauglichen Schuheknecht bekommen könte :/ bevollmächtiget seyn, aus einer Werckstadt, wo sich 2, oder mehrere Schuheknecht befinden, einen von disen in ihre Werckstadt nem[m]en zu dörfen.

6to Alle Quartal sollen die Mayster eine Zuesammenkunft auf der Herberg halten, und Jeder 9 Pfenning in die Laaden Auflaaggelt geben, damit die erfolgen mögende Kösten darauß bestridten werden könten; da auch zwischen einem oder dem anderen Mayster einige Streittikeith währender Zeit entstanden wären, dise bey des Handtwercks Zusammenkunft sich widerumb vergleichen, und in gueter Verständnuss mit einander vertragen mögen, fahls aber einer der Maystern ohne erhöbliche Ursach von diser Zusammenkunft ausbleyben würde, der soll 1/2 Pf[und] Wax ohn nachlässliche Straff in die Laden erlegen.

7mo Wann ausser des Jahrtags, und obbemelten Quartal durch ein oder andere Mayster, oder Knecht in Sachen, zaus es seyn wolte, das Handwerck zusammen zu kommen anbegehrt wurde, soll allforderist 10ß vom Kläger erlegt werden, bevor die Sach von klagenden Theil zu vernemmen ist, als dan der Jenige, der nach vorgegangen gründtlicher der Sache Untersuchung Unrecht zu haben befunden wurde, die hinderlegte 10ß zue büessen hätte.

8uo Wird auch nicht gestattet, das ein hiesiger Mayster einige Stimplerey treyben dörfte, bey Straff 2 f rauher Wehr[ung] von welchen allergnädigste Herrschaft und das Handwerck jeder Theil die Helffte zu beziehen.

9no Wann ein Mayster dem andern den Knecht abwendig macht, oder seine Cunten abspannt, und an sich zu bringen suchet, der solle /: es wäre dan Sach, das der erstere an den Cunten nichts zu forderen haben würde :/ dem Handwerck 10ß und in die Laden 1/2 Pfund bezahlen.

10mo Wann ein oder der andere Mayster sich mit Schelten gegen andere ungebührlich anführete, derselbe soll nach Gestalt der Sachen und seines Verbrechnus 1, 2, bis 3 f straf erlegen, welcher hingegen etwas entfrembdet 4 bis 5 f von welch so eint als anderer Straffe allergnädigster Herrschaft die Helffte, die andere Helffte dem Handwerck gebühret, auch soll der Jenige, so sich in disen puncten verfehlen wurde, überjeztgedachte Straff ferners 1/2 pf[und] Wax in die Laden bezahlen.

11mo Wann auf allhiesigen Jahrmarckten frembde Mayster mit Waar, umb dise fail zu haben, sich einfinden würden, sollen dise Waren durch hierzu eigens bestellende hiesige Maystern, gleichwie es anderer Orthen gebräuchig ist, besichtiget, und da solche nit vor Kaufmannswahr befunden wurden, hinweg erkennt werden.

12mo Es sollen weder die Mayster noch Knecht des Schuhemacher handwercks nicht mit offenen Rock oder Camisol[en], besonders an Sonn oder Feyrtägen, über die Gassen gehen, noch in dem Orth an offentlichen Brünnen trincken vil weniger aber über die Gassen gehend essen, indeme dises wider alle Ordnung und Mannszucht laufet, und welcher disem zuwider handlet, solle 3 Batzen in die Laden erlegen.

13tio die jenige Schueknecht so in allhiesigen Orth in Arbeith stehen, sollen bey der Zusammenkunft des Quartals jedes Mahl auf der Herberg sich einfinden, und sowohl ihre Tauf als Zunahmen angeben.

14to Wann Einer aus diser Zunftsbruederschaft das Zeitliche in das Ewige verwechslet, sollen die nach lebende Mitbrueder ihme zu Bezeigung christlicher Liebe helfen zur Erden bestädtigen, auch für sein abgeleibte Seel ein he[ilige] Mess lesen lassen.

Dessen zu wahrer Urkund hat e[in] e[hrsames] Handwerck der Schuhemacheren mit unterthänig gehorsamben Fleiss gebedten, und erbedten den hochedtlgebohrn, gestreng, und hochgelehrten Herrn Joseph Ignati von Schmidfeld J[uris utrum que] Cand[idatum] exam[inatum] et approb[atum] der zu Hungarn und Böheimb kön[iglicher] May[estät] Erzherzogin zu Österreich Ammbtmann der Herrschaft Kürnberg, das wohlderselbe gegenwärtige Articul, und Ordnung mit dem gewohnlichen Ambts Insigel verwahrt haben, auch nach alter Oberservanz bestädtigen möchte. geben und beschehen vor Ambt Kenzingen den 1510 Aug[usti] 1746.

Der Beitrag erschien bereits im Kreisjahrbuch „s Eige zeige" – 8/1994

Autor: Dieter Schlenker
Bildnachweis: Sammlung Chris Roser

Endnoten

1 An neueren Studien sind vor allem zu nennen: Friedrich Hinn: Die Marktrechtsverleihung und ihre Auswirkungen auf die Entwicklung der Gemeinde Herbolzheim. In: Herbolzheimer Blätter 2 (1991), S. 12¬15 und Hartmut Zoche; Stadt Herbolzheim- was heißt das? In: Herbolzheimer Blätter 2 (1991), S. 73¬78.
2 Stadtarchiv Herbolzheim (StAH) Altaktei V 2.
3 Generallandesarchiv Karlsruhe (GLA) 229/42489.
4 GLA 229/42489.
5 Stadtarchiv Freiburg (StAF) B5 XXIII 151.
6 Vgl. Aus der Geschichte der Stadt Herbolzheim. In: Sippenbuch der Stadt Herbolzheim im Breisgau, hg. von Albert Köbele, Grafenhausen 1967, S. 22-28 (Deutsche Ortssippenbücher Band 36); Friedrich Hinn: Die Marktrechtsverleihung. In: Herbolzheimer Blätter 2 (1991), S. 14-15 und Hartmut Zoche: Stadt Herbolzheim. In: Herbolzheimer Blätter 2 (1991), S. 73-75.
7 Friedrich Hinn: Die Marktrechtsverleihung. In: Herbolzheimer Blätter 2 (1991), S. 12-14 und Hartmut Zoche: Stadt Herbolzheim. In: Herbolzheimer Blätter 2 (1991), S. 74.
8 Vgl. Sigrid Fröhlich: Die soziale Sicherung bei Zünften und Gesellenverbänden, Berlin 1976 (Sozialpolitische Schriften 38).
9 GLA 229/42489.
10 So jedenfalls als Begründung für die Neuorganisation der Ober- und Niederhausener Weber in GLA 229/42489.
11 Vgl. Friedrich Hinn: Die Stadt Herbolzheim.- Ein Beitrag zur Stadtgeographie, (Offsetdruck) Herbolzheim 1970; Zur Bedeutung der Weberei in Herbolzheim vgl. auch: Sippenbuch der Stadt Herbolzheim, S. 35-36; Die Zählungsergebnisse, ebenda, S. 29.
12 GLA 229/42489.
13 Zitiert nach GLA 229/42489.
14 1808 wurden 22 Schustermeister gezählt.
15 Es ist interessant, daß die Schuhmacher den Marktflecken Herbolzheim als Stadt verstanden. Eine Begründung ihres (eigentlich vorausgreifenden) Selbstverständnisses gaben sie allerdings nicht (Zitat aus GLA 229/42489).
16 Beide Entwürfe und die endgültige Fassung in GLA 229/42489.
17 Zitiert nach GLA 229/42489.
18 Zitiert nach der Einleitung zum ersten Entwurf von 1740 in GLA 229/42489.
19 StAF B5 XXIII 151.
20 Zahlen aus: Sippenbuch der Stadt Herbolzheim, S. 29.
21 Zit. nach GLA 229/42489. Das Gutachten des kürnbergischen Amtes geht nicht näher auf die bisherigen Beziehungen der Herbolzheimer Handwerker zu den Freiburger Zünften ein. Jedoch passen die Autonomiebestrebungen der Herbolzheimer Wagner und Schmiede (mit Unterstützung des Amtmanns in Kenzingen) zeitlich in die Phase der Emanzipation der Breisgauer Landmeister von den Freiburger Zünften im 18. Jahrhundert. Hans Sigrist: Grundzüge des Freiburger Zunftrechts von 1648 bis 1805, (Diss.) Freiburg 1972, S. 89 ff.
22 GLA 229/42489 und StAF B5 XXIII 151.
23 StAH Ratsprotokoll vom 21. März 1733.
24 GLA 229/42490.
25 GLA 229/42489.

Das Handwerk in Broggingen

Vorbemerkungen

„Handwercker, werden diejenigen Personen genennet, welche vermögend sind, nach einem vorgegebenen Muster oder einer Idee eben dergleichen Sache aus einer gewissen Materie, wenn sie auch noch so unförmlich, ohne besondere Kunst vermittelst gewisser Instrumenten zuzubereiten."[1]

„Handwerk ist diejenige Beschäftigung, durch welche theils ganz rohe, theils halb veredelte, theils ganz veredelte Naturprodukte nach gewissen Regeln entweder um Lohn oder für den Verkauf zu Sachen verarbeitet werden, die zur Befriedigung der Nothdurft, der Bequemlichkeit, des Vergnügens und des Wohllebens gehören."[2]

Mit diesen beiden Definitionen von Handwerkern und Handwerk als Einstieg, zitiert aus frühen Nachschlagewerken, versuche ich im Folgenden die wenigen verfügbaren Quellen zur Tradition des Handwerks in Broggingen in anschaulicher Weise darzubieten.

Für die Zeit von der Gründung des Deutschen Kaiserreichs 1871 bis zum Zusammenbruch des Nazi-Regimes erschien es mir zum Verständnis der im Gemeindearchiv vorhandenen Aktenstücke, die sich mit den Brogginger Handwerkern beschäftigen, als sinnvoll, wenigstens in gebotener Kürze allgemeine Informationen zum politischen, wirtschaftlichen und gesellschaftlichen Umfeld einzubinden.

Es lässt sich sicher noch der eine oder andere Hinweis auf ortsansässige Handwerker in Quellen finden, die sich nicht vorrangig mit diesem Thema beschäftigen – eventuell auch aus weiter zurückliegender Zeit. Sollte ich in dieser Hinsicht einmal fündig werden, würde ich das bei ausreichendem Ertrag zur allgemeinen Kenntnis bringen.

Die Darstellung endet einigermaßen abrupt mit einer groben Übersicht aus den frühen 1950er Jahren. Das ist der Tatsache geschuldet, dass das verzeichnete Archiv mit dem Jahr 1950 endet. Inwieweit es eine Erschließung der neueren Akten gibt, ist mir nicht bekannt. Hilfreich wäre sicher auch die persönliche Erinnerung älterer Dorfbewohner.

Die Bestandsaufnahme von 1760

Aus der Beschreibung vom Februar 1760, die das Ergebnis einer Ortsbereisung festhielt, geht hervor, dass von den bestehenden 67 Haushaltungen in Broggingen in erster Linie Acker- und Weinbau betrieben wurden. Daneben gab es aber auch 20 ausgebildete Handwerker im Dorf.[3]

Es handelte sich dabei um folgende Berufe (Tabelle 1):

Arbeitsfeld	Handwerk	Anzahl
Kleidung, Wäsche	Weber	4
	Schneider	2
	Schuhmacher	2
Ausrüstung, Landwirtschaft	Wagner	2
	Schmied	2
	Kufer	2
Hausbau	Maurer	1
	Zimmermann	2
	Steinhauer	1
Nahrung	Bäcker	1
	Metzger	1

Tabelle 1: 1760 in Broggingen vertretenes Handwerk

Die aufgeführten Handwerke können als zur Grundausstattung der

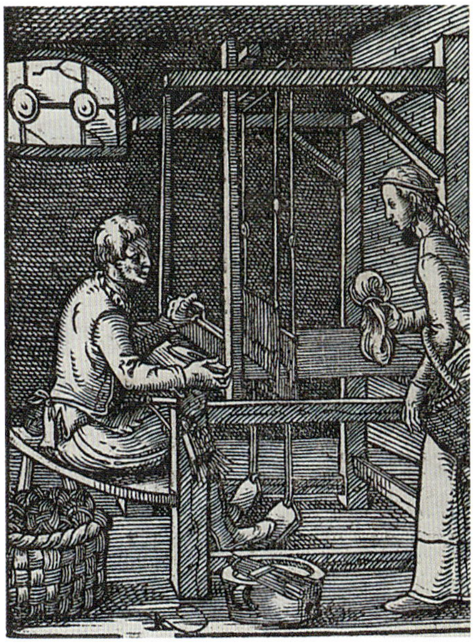

Der Weber, Holzschnitt von Jost Amman, in: Sachs, Hans: Eygentliche Beschreibung Aller Stände auf Erden, Frankfurt am Main 1568, o. S.

Dorfgemeinschaft gehörig angesehen werden. Sie deckten zumindest einen großen Teil der wesentlichen Bedarfe ab: Die Versorgung der Menschen mit Kleidung und (Bett-)Wäsche; den Bau und die Reparatur von Transport- und Lagerungsmitteln, Ausrüstungsgegenständen und Werkzeugen; die Erstellung und Bedeckung von Gebäuden; die Lebensmittelverarbeitung. Darüber hinaus wurden einerseits zusätzliche Handwerke für das Leben und die landwirtschaftliche Tätigkeit benötigt, andererseits lernten die Landwirte von den ortsansässigen oder in der Familie lebenden Handwerkern, so dass sie manche Arbeiten nicht mehr einem Fachmann überlassen mussten.

Auffällig ist die verhältnismäßig starke Vertretung der Weber im Dorf. Bei den oben aufgeführten Handwerken handelt es sich natürlich nur um eine Momentaufnahme, weshalb es in Broggingen wahrscheinlich auch andere Hand-

Endnoten

1 Zincken, Georg Heinrich: Allgemeines Oeconomisches Lexicon, 4. Edition, Leipzig 1764, Spalte 1055.

2 Conversations-Lexicon oder encyclopädisches Handwörterbuch für gebildete Stände. 3. Aufl., 4. Band, Leipzig und Altenburg 1815, S. 518. Dieses Nachschlagewerk ist heute noch unter dem Begriff „Brockhaus-Enzyklopädie" bekannt.

3 Vgl. Generallandesarchiv Karlsruhe (GLA) Abt. 115/397. Den vollständigen Wortlaut der Ortsbeschreibung vom 23. Februar 1760 habe ich bereits in der Dragonerpost, Ausgabe 3 von 2003, veröffentlicht.

4 Vgl. Die Ortsfamilien, in: Reinbold, Erich: Ortssippenbuch Broggingen, Grafenhausen bei Lahr/Baden 1981, S. 125–438.

5 Vgl. Löber, Heinrich: Verzeichnis der Kirchenbücher (Verfilmungen), Landeskirchliches Archiv Karlsruhe, Mai 2014, S. 81, 82.

6 Diese Angabe beruht auf einer Mitteilung per E-Mail von Heinrich Löber, Landeskirchliches Archiv in Karlsruhe, vom 12. Mai 2010.

7 Vgl. Klugermann, Günther: Neues vom Schulmeister Johannes Ganter, in: Dragonerpost, Ausgabe 19 von 2011, S. 5.

8 Vgl. Verzeichnis derjenigen Berufe, die (...) zum Handwerk zählen (...), in: Gemeindearchiv Broggingen (GA), B.V.2.13 (Organisation des Handwerks. Tätigkeit der Handwerkskammer. 1912–1927).

9 Bundes-Gesetzblatt des Norddeutschen Bundes Nr. 26, S. 245.

10 Ebd.

11 Reichs-Gesetzblatt Nr. 19, S. 233.

12 Abgedruckt im Reichs-Gesetzblatt Nr. 37. S. 663–706.

13 Vgl. § 100 des Gesetzes, betreffend die Abänderung der Gewerbeordnung vom 26. Juli 1897, in: Reichs-Gesetzblatt Nr. 37, S. 677.

14 Vgl. GA Broggingen, B. A. V.2.12. Einführung der Zwangsinnungen bei verschiedenen Gewerbezweigen 1907–1925.

15 Vgl. ebd.

16 Vgl. Schreiben des Bezirksamts Emmendingen an das Bürgermeisteramt Broggingen vom 16. Mai 1907, in: Ebd.

17 Vgl. Bekanntmachung des Bezirksamts Emmendingen vom 21. Juni 1907, in: Ebd.

18 Schreiben des Landesverbands der badischen Gewerbe- und Handwerkervereinigungen in Niederbühl an die Gemeindeverwaltung Broggingen vom 8. Juli 1916, in: Ebd.

19 Vgl. ebd.

20 Schreiben des Ministeriums des Innern in Karlsruhe an die Großherzoglichen Bezirksämter vom 12. August 1918, weitergeleitet vom Bezirksamt Emmendingen an die Bürgermeisterämter des Bezirks am 20. August 1918, in: GA Broggingen, B. A. V.2.13.

21 Vgl. Schreiben der Handwerkskammer Freiburg an den Gemeinderat in Broggingen vom 20. Juni 1924, in: GA Broggingen, B. A. V.2.19.

22 Vgl. Richtlinien für die Gleichschaltung der Innungen, in: Die Uhrmacher-Woche Nr. 18 vom 29. April 1933, S. 258.

23 Vgl. Reichsgesetzblatt Teil I Nr. 41 vom 24. April 1942, S. 189.

24 Vgl. GA Broggingen, B. A. V.2.19.

25 Vgl. GA Broggingen, B. A. V.2.18.

26 Vgl. Schreiben der Badischen Handwerkskammer in Karlsruhe an das Bürgermeisteramt Broggingen vom 17. März 1936, in: GA Broggingen, B. A. V.2.19.

27 Vgl. ebd.

28 Vgl. ebd.

29 Vgl. Schreiben des Bürgermeisters von Broggingen an die Handwerkskammer in Freiburg vom 17. Juli 1946, in: Ebd.

30 Vgl. Schreiben des Bürgermeisteramts Broggingen an das Landratsamt in Emmendingen vom 14. August 1948, in: GA Broggingen, B. A. V.2.18.

31 Schreiben der Handwerkskammer Freiburg an Gustav Käsinger in Broggingen vom 30. Januar 1950, in: GA Broggingen, B. A. V.2.19.

32 Schreiben der Handwerkskammer Freiburg an Otto Dick in Broggingen vom 13. Februar 1950, in: Ebd.

33 Nach Angabe von Kurt-Erich Maier im Vorwort zum Registraturverzeichnis des Gemeindearchivs Broggingen, datiert vom 24. Juli 1954.

Café Hochholdinger

An einem sonnigen Sonntagnachmittag im Mai wurden wir sehr freundlich von Ehepaar Hannelore und Georg Hochholdinger sowie deren Sohn Frank in ihrem Anwesen in der Hauptstraße, Herbolzheim empfangen. Ziel war etwas über das Leben und den Werdegang des „Herbolzheimer Stadt-Cafés" sowie den Menschen dahinter zu erfahren.

Seit 1965 wohnt, lebt und arbeitet das Ehepaar Hochholdinger in Herbolzheim, und gehört natürlich schon lange ins gesellschaftliche Leben der Stadt.

Georg Silvester Hochholdinger wurde am 09.02.1936 in Josefsthal, Tschechoslowakei geboren. 1946 wurde die Familie vertrieben und kam zunächst in das Durchgangslager Regensburg. Von dort ging es weiter nach Sulzbach-Rosenberg in der Oberpfalz, zwischen Nürnberg und Regensburg, wo Georg dann zur Schule ging. Nach der Beendigung der Schule gab es kaum Lehrstellen.

„Ja freilich gab es Lehrstellen, aber die paar, die es gab wurden von den Einheimischen eingenommen. Ich muss sagen, dass die Flüchtlinge damals nicht überall beliebt waren. Also es war schon schwierig als Flüchtling irgendwo reinzukommen und auch noch gut behandelt zu werden. Eines Tages kriegte ich vom Arbeitsamt die Aufforderung mich im Café Giehrl in Amberg vorzustellen. Und da bin ich hin, das waren 12 Kilometer von uns weg. Ich habe mich vorgestellt und dann hat der Chef gesagt, ich solle einmal einen Tag kommen und schauen wie es mir gefällt. Er hat gesagt ich kann die Stelle kriegen, und ich bin dann dort in die Lehre gegangen, weil ich sonst keinen Beruf gehabt hätte. Den Gesellenbrief habe ich in Regensburg gemacht. Wir gehörten zur Innung Regensburg. Als ich ausgelernt hatte, hat mir mein Lehrherr eine Stelle in Bad Kissingen besorgt. Dort habe ich im Theaterrestaurant als Pâtissier gearbeitet. Nach sechs Monaten bin ich nach Köln und habe dort gearbeitet und so ist es weitergegangen. Dann habe ich mir gesagt, dass ich weiter in diesem Beruf arbeite, weil ich dann die Meisterprüfung machen will. Dann kann kommen was will, aber ich habe den Beruf abgeschlossen. Und so habe ich es auch gemacht. Und ich meine, ich habe guten Erfolg gehabt. Ich bin mit allen klargekommen. Mein Lehrmeister hat es verstanden mich für den Beruf zu begeistern. Ich hätte mir keinen besseren Lehrherrn wünschen können. Er ist auch zur Jagd gegangen, da hat er mich manchmal mitgenommen."

Auf die Frage welchen Beruf er gewählt hätte, wenn er freie Auswahl gehabt hätte erzählt G. Hochholdinger, dass der Beruf des Goldschmieds ihm gefallen hätte. Schmuck und die schönen Dinge in den Großstädten haben ihn interessiert, eine Lehrstelle in dem Beruf zu bekommen war aber zu damaliger Zeit nicht möglich.

G. Hochholdinger: „Mit den feinen Dingen habe ich keine Schwierig-

Gesellenprüfung 1955.

Marzipanschwein 1992.

keiten gehabt. Die Marzipanfiguren habe ich alle von Hand modelliert. Weihnachten zum Beispiel, ein Schwein von vier Kilo Marzipan für eine Metzgerei. An jenem Tag war ich so geschafft. Da hatte ich den Marzipanklumpen und es wollte einfach nicht gelingen. Dann haben wir zu Abend gegessen und ich habe gesagt, so jetzt klappt es. Hingesetzt, und ruckzuck habe ich das Schwein fertig gehabt (zeigt ein Foto). Und am nächsten Tag wurde es geschminkt."

Nach der Lehre ging es zunächst nach Bad Kissingen. Weitere Stationen seiner Gesellenzeit waren Köln, die Insel Borkum, La Neuveville am Bielersee in der Schweiz, Gelsenkirchen, Bad Neuenahr, Freiburg und Hinterzarten. Überall hat er etwas dazugelernt und oft seine Fertigkeiten verfeinert und auch eigene Kreationen entwickelt.

In Köln zum Beispiel wurden die Ostereier schön mit Pralinen bestückt. Auf seinen Vorschlag solche Ostereier auch in Freiburg herzustellen, hieß es, dass es zu teuer wäre und solche würden nicht verkauft. Allerdings hat er dann doch versuchsweise welche hergestellt, die dann weg gingen wie die „warmen Semmeln". Es war eben etwas Besonderes.

In den Fachzeitschriften hat er sich die Stellenanzeigen angesehen und wenn ihm etwas zugesagt hat, hat er sich per Brief beworben. Kam eine positive Antwort, ist er mit dem Zug dorthin gereist und hat die Stelle angetreten. Manche Arbeitgeber haben ihm später geschrieben, ob er wiederkommen will, aber sein Ziel war es, soviel wie möglich zu sehen und zu lernen. Schwierigkeiten mit den Arbeitgebern oder Kollegen hat er nie gehabt. Allerdings gab es manchmal Sprachschwierigkeiten. Er hat neun Jahre in Bayern gelebt und sich natürlich zum Beispiel auf der Insel Borkum mit dem ostfriesischen Platt schwergetan. Oder in der französischen Schweiz, weil er kein französisch sprach. Aber der Chef und eine Bedienung sprachen deutsch.

Ziel jedoch war die Meisterprüfung, die er eigentlich in Koblenz ablegen wollte. Da dies nicht möglich war, weil es zu wenige Interessenten gab, hat er auf eine Annonce eines Cafés in Freiburg geantwortet. Der Chef sicherte ihm zu, dort die Meisterprüfung machen zu können. Allerdings hatte der Meisterkurs bereits begonnen, und er wurde aufgefordert die Prüfung im nächsten Jahr anzugehen. Da er auf keinen Fall ein weiteres Jahr warten wollte, wurde ihm angeboten das Versäumte in Privatunterricht nachzuholen. So hat er sich mit einem weiteren Nachzügler zusammengetan und einige Stunden private Nachhilfe genommen. Der Preis pro Stunde waren 10,– DM, was viel Geld war. Es waren zwölf Meisterschüler. Die beiden Nachzügler haben die besten Prüfungen abgelegt.

Meisterprüfung 1961.

In Freiburg haben sich Hannelore und Georg Hochholdinger kennengelernt. Hannelore kam aus Bötzingen am Kaiserstuhl. Beide arbeiteten im gleichen Betrieb, dem damaligen Café Braunger. G. Hochholdinger hatte den Plan sich selbstständig zu machen, am liebsten in einer größeren Stadt. Eine Konditorei in Bad Neuenahr, wo er schon einmal gearbeitet hatte, bot ihm an den Betrieb zu übernehmen, aber Frau Hannelore wollte im Badischen bleiben. So erfuhren die beiden, dass in Herbolzheim das „Stadt-Café" zu pachten war. Das Café gehörte Maria und Otto Kirnberger, die es auch betrieben. Da die Kirnbergers keine Kinder hatten, wollten sie den Betrieb verpachten.

Am 8. Juli 1965 wurde geheiratet und statt Hochzeitsreise haben die beiden das Café in Herbolzheim am 1. August übernommen, wie Hannelore Hochholdinger lachend erzählt.

„Am Anfang war es sehr stressig. Die Kirnbergers hatten ja von morgens neun Uhr bis nachts um zwölf Uhr aufgehabt. Und bis dann alles sauber war, war es ein Uhr nachts. Sechseinhalb Jahre haben wir das gemacht. Und dann wäre der Mietvertrag ausgelaufen. Verkaufen wollte Otto Kirnberger nicht, er meinte in 10 Jahren sollten wir nochmal nachfragen. Dann haben wir gesagt, entweder kaufen oder einen Mietvertrag von Jahr zu Jahr und dann hat er sich entschlossen zu verkaufen. Er hat im Entennest ein Mehrfamilienhaus gebaut und wir haben im Jahr 1972 das Stadt-Café gekauft und umgebaut, das war ja innen alles alt." Sehr stolz: „Und dann haben wir einen echten Herbolzheimer bekommen". Sohn Frank wurde 1968 geboren.

Georg Hochholdinger erzählt, dass die Ladenbaufirma damals gesagt hat, ein solcher Betrieb rentiert sich in einer Stadt wie Herbolzheim mit 5.000 Einwohnern nicht. Ein reines Konditorei-Café lohnt sich erst ab 10.000 Einwohnern. „Also Herbolzheim war eigentlich zu klein für das, was wir gemacht haben. Aber ich meinte, in Herbolzheim wird das anders gemessen. Und ich habe recht behalten." Die Konditorei und das Café hatten viel Kundschaft von außerhalb. Wie Hannelore Hochholdinger erzählt hat es sich herumgesprochen und viele Leute sind von der Autobahn runtergefahren, um im Café einzukehren. Auch durch das große Krankenhaus kamen viele Gäste. Und es gab viele Bestellungen. „Alles, was durch die Hände meines Mannes ging, habe ich verkauft. Reste gab es fast nie!" erzählt Frau Hannelore lachend.

Manche Kunden waren so begeistert, dass sie ihre Begeisterung für die süßen Verführungen in Bildern oder Gedichten ausdrückten. So zum Beispiel eine Karte mit Bärchen und Widmung vom Hausarzt Dr. Diesing, oder ein Gedicht „Loblied auf die Bananensahne" von einem befreundeten Ehepaar aus Bötzingen, die gar nicht genug davon bekommen konnten.

1972.

Backstube 1969.

Leistungsschau 1982.

1989.

Hannelore Hochholdinger: „Es war eine harte Zeit, zum Glück hat mein Mann im Jahre 1972 einen Strich gezogen und ein Tagescafé daraus gemacht. Ich hätte es mich nicht getraut"

Wie G. Hochholdinger betont, hat er nie, außer in den Jubiläumszeitschriften der örtlichen Vereine, aktiv Werbung geschaltet. Seiner Meinung nach ist Mund zu Mund Propaganda noch immer die beste. Sie hatten eine gute Stammkundschaft und viele Laufkunden.

„Es war eine schöne Zeit, aber es war auch eine harte Zeit, weil das Café sechs Tage die Woche geöffnet war. Nur am Donnerstag war unser freier Tag. Wenn man es nicht gerne macht, dann hält man das nicht aus". betont Hannelore Hochholdinger. „Wir haben unser Personal immer sehr lange gehabt und das war auch wichtig. Viele Angestellte, wie Bernhard Franz, Ida Läufer, Erna Spitz oder Ute Kienle, waren über viele Jahre, zum Teil über Jahrzehnte bei uns. Wir haben auch immer ausgebildet und immer einen Lehrling im Laden und in der Backstube gehabt."

Auf die Frage an Sohn Frank, ob er Interesse daran gehabt hätte, den Betrieb zu übernehmen, erzählt er, dass er als Kind immer Konditor werden wollte. Als Jugendlicher hat er bei seinen Eltern als Aushilfe gejobbt und sein Taschengeld aufgebessert. Aber dann hat er sich doch für eine wissenschaftliche Karriere entschieden.

Prof. Dr. Frank Hochholdinger hat in Freiburg Biologie studiert und hat nach Stationen in den USA und Tübingen heute einen Lehrstuhl an der Universität Bonn, wo er Professor für Pflanzengenetik ist.

Die früheren Wirkungsstätten von Georg Hochholdinger hat die Familie nach und nach besucht. Natürlich bestehen inzwischen die meisten Betriebe nicht mehr, aber die ganzen Städte und Orte zu besuchen, war spannend.

2017.

Nachdem der eiserne Vorhang fiel, hat die Familie auch mehrfach den Geburtsort und die Kindheitsstationen von Georg im Böhmerwald besucht.

Georg Hochholdinger erzählt auch, dass seine Eltern in ihrem Heimatort mehrfach die Staatsbürgerschaft gewechselt haben. Zunächst gehörte ihre Heimatgemeinde zu Österreich-Ungarn. Nach dem verlorenen 1. Weltkrieg 1918 wurden sie dann Bürger der neu gegründeten Tschechoslowakei. Georg Hochholdinger wurde dann bei seiner Geburt auch Bürger der Tschechoslowakei. Nach der deutschen Besetzung des Sudetenlandes 1938 wurden sie dann Deutsche und nach Ende des 2. Weltkriegs 1945, dann immer noch im gleichen Ort, staatenlos. Nach der Vertreibung 1946 wurden sie dann wieder Deutsche.

„Die Eltern hatten am Plöckensteiner See ein Ausflugslokal. Ein Haus mit Übernachtungsmöglichkeiten und Gaststätte. Wir lebten in Glöckelberg, in der Nähe des Sees. Den Ort gibt es nicht mehr. Er liegt ziemlich nah an der österreichischen Grenze und war zur Zeit des Eisernen Vorhangs Sperrgebiet, das niemand betreten durfte. Das Einzige, was noch steht ist die Kirche und zwei weitere Häuser. Die Kirche war eine Ruine. Das Dach war löchrig, es hat reingeregnet. Die ganze Ausstattung der Kirche, also die Bänke und sogar die Empore wurde nach dem Krieg von den dort stationierten Soldaten entfernt und als Brennholz verwendet. Durch Spenden von uns und anderen ehemaligen Dorfbewohnern wurde die Kirche ab 1990 wiederaufgebaut und instandgesetzt. Jetzt dient sie als Versöhnungskirche und es werden dort ab und zu Gottesdienste gefeiert zu denen Menschen der drei benachbarten Länder Deutschland, Österreich und Tschechien kommen. Die Kirche ist jetzt auch ein beliebtes Ausflugsziel."

Im Jahre 1993 haben sich Hannelore und Georg Hochholdinger entschlossen in den verdienten Ruhestand zu gehen. Seitdem wurden die Räumlichkeiten vermietet, ein Café ist es aber immer geblieben. Die beiden leben auch weiterhin in Herbolzheim und betonen, wie wohl sie sich in Herbolzheim fühlen und immer gefühlt haben. „Wir sind in Herbolzheim gut aufgenommen worden!"

Interview: Claudia Bühler, Chris Roser
Text: Claudia Bühler

„Rämbilibäm“ und „Muuskegl spitze“

Die mechanische Küferei Bury in Broggingen

Friedhelm Bury kennt kein aktives „Warten“. Er ist immer in Bewegung, körperlich und geistig. Auch am vereinbarten Interviewtermin treffe ich ihn nicht wartend auf einem Bänkle sitzend oder im Haus wartend. Hinterm Haus tauscht er sich, als ich eintreffe, mit seiner Nachbarin und ehemaligen Arbeitskollegin aus und so bin ich durch ihn ruckzuck in die Gesprächsrunde aufgenommen.

Mit unserer Aufgabe das einstige Küferunternehmen Bury in Erinnerung zu rufen, visieren wir das Haus mit einer Tisch und Stuhl bestückten Räumlichkeit an. Nur wenige Schritte in diese Richtung huscht Friedhelm schon wieder weg, bis er nur wenige Sekunden später mit einem Stück Holz in der Hand vor mir steht und ohne Startschuss mitten ins Thema springt. „Das ist ein maschinell gefertigter Rohling. Man sieht das an den Spuren der Fräßköpfe“, untertitelt er das Werkstück, das, woher auch immer es in kürzester Zeit kam, er als erstes Anschauungsobjekt zeigt. „Die Radien wurden mit Hohlmesser gestreift – Dauben, das sind die Hölzer, die man von den 12 Meter hohen Daubentürmen runternimmt. Damit die Dauben zu Daubenschränken, so nennt man die Türme, aufgeschichtet werden können, wurde ein Fundament aus Bruchsteinen gelegt.

Dauben in diese Form zu bringen (zeigt auf den verjüngenden Verlauf des Holzstücks) nennt man fügen. Damit die Form passt, gibt es Model. Zu den Dauben: Bei uns sagt man Fassdüge!“ Friedhelm nennt stets die alemannische Ausdrucksweise und unterstreicht mit der Konnotation die tiefe Verwurzelung des Küfereihandwerkes in der Region. Ein gern zitiertes Wort ist auch das badische „Rämbilibäm“. Laut Friedhelm beschreibt es die Schläge auf den Fassring beim Zusammenfügen. Oftmals werden die zwingend notwendigen Schläge auf den Reif um weitere Zwischentakte ans Holz ergänzt, wodurch aus den Küfereien ein wohlklingendes Lied der Arbeit ertönte.

Ich fühl mich wie in einem Leistungskurs fürs Küfereihandwerk. Oder hab ich einfach nur das erste Lehrjahr übersprungen? Meine Unkenntnis in Stenografie machen es mir unmöglich, alles sofort mitzuschreiben, geschweige im Gedächtnis zu erfassen.

„Dügeschrank“ (Fassdaubenschrank) zur dreijährigen Fassdaubenlagerung im Freien. Durch die Lagerung wurde der Eichenloh weitgehend ausgelaugt.

Faßmodel für großes Bury-Fass.

Die Küferei zu Beginn neben dem alten Schulhaus.

Am ersten Holzstück zeigt sich mir die Komplexität des Küferhandwerks. Selbst mit Hilfsmittel wie Model (= Lehre für die Bauchrundung und den Kopf) sind Küfereiprodukte handwerkliche Höchstleistungen.

Während ich darüber nachdenke und Friedhelms Halbsatz „die Lehre hol ich dir auch noch" nachhallt, steht er auch schon wieder neben mir mit einem merkwürdig gebogenen und flachen Holzstück, das eine eingekerbte Skalierung aufweist. Ein Holz, das sich, so schien es, nicht so recht entscheiden wollte, ob es Boomerang oder Zimmermanswinkel werden wollte: Die Fasslehre.

Die Lehre oder das Model mutet wie ein Stift zur Erstellung einer geheimen Signatur an, da mittels des Models die für jeden Betrieb einmalige Fassform entsteht. Hier für das „Bury-Fass".

Das Bury-Fass war unter der Kundschaft beliebt und für die sehr gute Qualität überregional bekannt. Zusammen mit Otto Dick arbeitete Friedhelms Vater Otto auch in einem Emmendinger Großfassbetrieb und so kam es, dass man sich dann auch im Bury-Betrieb auf große Fässer spezialisierte. Viele Gesellen und Lehrlinge trugen sich auf die Warteliste ein, um für die Küferei Bury arbeiten zu können. „Er war halt überall im positiven Sinne als Düpfeleschisser mit den besten Fässern bekannt", fasst Friedhelm zusammen.

Die besondere ovale Form und Qualität war ein Teil der Eigenwerbung, ein weiteres Element war eine Werbeaufnahme des Küfereigebäudes durch den Kenzinger Fotografen Werner oder auch „die erweiterte Visitenkarte", wie Friedhelm Bury das Bild nennt, das an Kunden und Interessierte gegeben werden sollte.

„Das Haus war zum Zeitpunkt der Fotographie nicht verputzt und der Schriftzug war auch noch nicht dran. Die Fassreihe vor dem Haus wurde nochmal aus einem anderen Winkel aufgenommen, ausgeschnitten und links ins Bild reinretuschiert. Aber der Zaun steht heute noch. Und auch das Originalbild hängt noch in diesem Haus (Küfereigebäude auf Foto)", stellt Friedhelm Bury lächelnd fest.

Die Gründung der Landküferei begann Otto Bury im Alter von 25 Jahren Ende der 1920er Jahre vergleichsweise minimalistisch in einem kleinen Schuppen. Dieser war neben der Schule an einem alten Häuschen[1] angebaut. Gegenüber auf nördlicher Seite auf der anderen Seite einer Zufahrt befand sich das Elternhaus von Otto Bury.

In diesem Provisorium musste aus Platzgründen beim Wärmevorgang das Fass auf der Straße bearbeitet werden (Hitze von innen und Wasser von außen lassen das Holz in Form bringen).

Bis sich die beengte Situation durch einige Grundstückstausche und -käufe Ende 1940er/Anfang 1950er-Jahre entspannte, wurde der Betrieb während der Kriegsjahre dem Wehrbetrieb zugeführt. In dieser Zeit wurden polnische

Retuschiertes Werbefoto der Mechanischen Küferei Otto Bury (Dragonerstraße 7).

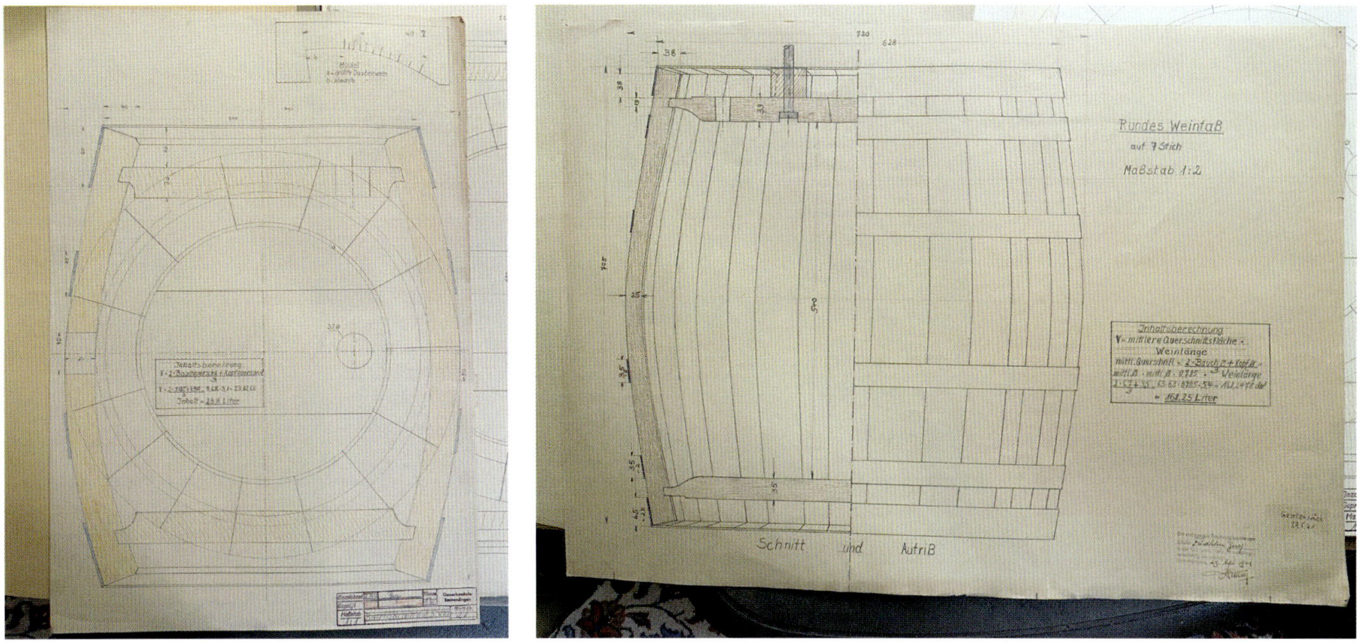

Konstruktionszeichnung zur Gesellenprüfung von Friedhelm Bury vom 29.05.1961.

Kriegsgefangene zugeteilt, die zusammen mit der ursprünglichen Bury-Belegschaft fortan Sanitärkübel für Behelfswohnungen herstellen mussten. Friedhelm Bury erinnert sich an seine Kindheit: „Die gehörten dann einfach zur Familie dazu. Es wurde zusammen gegessen und gearbeitet. Die haben bei uns im Haus gewohnt. Auch die Gesellen und Lehrlinge kamen täglich zum Mittagessen. Das Arbeitsverhältnis beinhaltete Kost & Logis. Wenn alle vom Betrieb heim liefen, wurde schon die komplette Straßenseite in Beschlag genommen."[2]

So ist es nicht verwunderlich, dass beim Umzug an den neuen Küferei-Standort[3] auch die gesamte Belegschaft zum Bau der Küferei eingeplant wurde und mithalf.

Es gab also immer was zu tun. „Wenn mal weniger Arbeit da war, mussten wir Muuskegel spitzen." Friedhelm wartet und liest in meinem Gesicht, dass ich es zwar gehört, aber nicht verstanden hatte. „Muuskegel kennst du?" Ich bejahe. „Es wurden kleine Holzstückchen in Größe eines Mäuseköttel (nicht zu verwechseln mit dem Tier Mäusekegel) geschnitzt und in die Wurmlöcher der Dauben reingeleimt und überhobelt." Alemannische Fachausdrücke aus der Küferei sind das Spezialgebiet von Friedhelm und ich weiß schon heute, dass ich genau diese mit den Geschichten dazu nie wieder vergessen werde.

Obwohl die Begeisterung für die Küferkunst mit Friedhelm den würdigsten Vertreter hat, wollte er, wie er selbst sagt, nie Küfer werden. „Ich bekam zwei Optionen: Entweder darf ich Küfer werden oder ich muss. Die Küferei wurde als modernes Unternehmen, das sie auch war, als mechanische Küferei beworben. Ich durfte die Maschinen nicht nutzen und musste alles von Hand machen." Rückblickend auf seine Lehrprüfung mit Gesellenstück schloss er die nachfolgende Meisterprüfung als Bester ab.

„Das Kaufmännische beim Weinküfermeister war für mich kein Problem." Sich selbst zu loben, fällt Friedhelm als Ur-Brogginger und somit typischem Badner schwer. Etwas tiefstapelnd erzählt er von seiner Zeit auf der Handelsschule, die er 1958 ebenso als Klassenprimus abschließt.

„Die Handelsschule hat beim Lernen auf den Meister sicherlich geholfen", führt er weiter aus. Und außerdem habe er den Meister nur gemacht, weil der damalige Dr. Geck sonst keine Ruhe gegeben hätte. „Die theoretische Prüfung lief ganz gut. Bei der praktischen mussten wir z.B. veränderte Weine beurteilen", erinnert er sich. Hier kam ihm bei der Prüfung die familieneigene kleine Kellerei, die nach und nach ebenso mit Traubenankauf zu einem weiteren wirtschaftlichen Standbein wurde, zugute. Bei der eigenen Weinbereitung holte sich Friedhelms Vater stets Tipps von bekannten Kellermeistern, die nicht selten bei ihm zuvor die Ausbildung zum Küfer machten. Durch das Wissensnetzwerk und den daraus resultierenden Weinen hatte Friedhelm „etwas Kenntnis", wie er sagt.

„Alle außer mir lobten bei der Prüfung alle Weine: mit Potential, besonders, usw. Ich hab bei einem Wein behauptet, der Wein würde nach einem kunstvoll frisierten Apfelsaftwein schmecken. Und so war es dann auch", erinnert sich Friedhelm dann doch nicht mehr ganz ohne Stolz rückblickend.

Und wieder springt er auf und hält nach kurzer Abwesenheit ein Stück Fass in der Hand. Von der Erzählhistorie sind wir wieder abgebogen in die Technik. „Gargel" heißt die Nut, die beim Maschinenverzicht schwerste Handarbeit erfordert.

Transportfahrzeug Ford Transit.

Eine Nut wird dabei quer zu den Dauben mit einem Spezialhobel von Hand in das harte Holz eingerissen. Auch die „Füge" wurde mühevoll auf dem „Fügbock" hergestellt – alles akkurat versteht sich.

„Wenn mich der Opa (Wilhelm Hiß) zum Grünfutter holen abholte und ich in der Zeit nicht an der Küferei arbeiten musste, war ich nicht unfroh", sinniert Friedhelm nachdenklich. Mit einem Flyer reißt er sich selbst aus den Gedanken: „Da hab ich ein Prospekt (eines Küfereimaschinen-Herstellers) und zwar musst du dir das so vorstellen..." Es folgt ein spannender Exkurs zur Maschinentechnik in der mechanischen Küferei. Auch ein Bild des damaligen neuen Standortes der Küferei Bury wird hinzugenommen. Darauf zu sehen ist eine scheinbar überdimensionierte Friseurtrockenhaube, die zur feuerlosen Dampf- und Wärmebehandlung von Fässern bis 600 Liter verwendet wurde. Ein Zeugnis der Modernität des Betriebs zu jener Zeit.

Die Zeiten änderten sich und Otto Bury stellte seine Existenz stets auf mehrere Beine. Vermittelte sein Küfermeisterkollege Otto Dick seinerseits in der vorgenossenschaftlichen Zeit den gesammelten Wein vieler kleiner Winzerbetriebe, so tat Otto Bury dasselbe als Schnapsaufkäufer. Dafür fuhr er und auch sein Sohn Friedhelm von Kleinbrennerei zu Kleinbrennerei in Baden und sammelte die Destillate ein.

Die Fahrerfahrung mit dem Transit und Kenntnisse über das Fahrzeug kamen Friedhelm Jahre danach zugute. Er wurde angefragt, ob er eine Sonderfahrt übernehmen würde, was er tat:

Er durfte das 1. Brogginger Feuerwehrauto von Bad Friedrichshall nach Broggingen überführen. „Das Blaulicht habe ich dann natürlich auch kurz ausprobiert, ob es geht", so Friedhelm schelmisch.

Friedhelms Vater orientierte sich am Stand der Technik, dennoch blieb er Landküfer. Mit dem Wachstum der Großküfereien und insbesondere der Kunststoffwelle und neuen Metalllegierungen gehörten Kleinküfer bald der Vergangenheit an. GFK war das neue Wundermaterial. Günstig, leicht zu formen und mit wenig Gewicht. Die „Herbschdbiddig" (= Tragebütte, mit der man die Trauben auf den Schultern aus dem Weinberg zur Sammelstelle trug), ein vielfach eingesetztes Küferstück, wurde ausrangiert und die wenigen, die den Ofen oder das Herbstfeuer überlebten, zierten von nun an Gärten als Pflanzkübel. Transport- und Lagerfässer wurden durch pflegeleichte Edelstahlversionen ersetzt.

„Der Wechsel zu GFK bei den genormten Herbstbottichen der Zentralkellerei Breisach wurde zuvor lange diskutiert. Bis dahin stand der Betrieb noch in voller Blüte", so Friedhelm.

„Der Hype mit dem 225 Liter-Barrique-Fass aus Frankreich kam erst später. Früher war es für den Kellermeister enttäuschend, wenn der Wein wegen der neu eingeführten Qualitätsweinprüfung aufgrund einer Holznote abgelehnt wurde", führt Friedhelm Bury die Entwicklung aus.

Die Küferei war und ist ein nachhaltiges Handwerk. Der Handel mit gebrauchten Fässern war nicht unüblich und Otto Bury hatte ein Gespür

Genormte Herbstbottiche für die Zentralkellerei Breisach.

Entleerte Rumfässer zur Umarbeitung.

Holzstützen.

dafür. Ende der 1950er-Jahre/Beginn der1960er-Jahre war ein Standbein der Aufkauf türloser 190 & 600 Liter-Fässer aus Rum- und Wermuthweinimporten aus Eichen- und Kastanienholz. Die Fässer wurden umgebaut und mit einer Tür versehen und wieder verkauft. Bei Landwirten waren derartige Gebinde zur Mostlagerung besonders gefragt. Friedhelm berichtet wie der eine und andere Bauer die Fassnote beschrieb: „Der Most schmeckt so fein nach Rum."

Das Produktportfolio der Broggiger Bury-Küferei umfasste vom Baby-Zuber, Maurerkübel, Traubenbottich, Fleisch- und Brühzuber, über Wasserfässer für das Weidevieh, Spritzen- und Güllefässern bis zu Trotten. Barhocker, Weinregale und Stützen rundeten das Programm ab.

Es sind nicht viele Geschichten zum Verbleib von Küfereimaschinen und Werkstücken bekannt, ein paar jedoch schon. So hat z.B. eine Fassreihe in der Kellerei „Hex vom Dasenstein" in der Bury-Küferei ihren Ursprung. Ein Highlight und Beginn einer Reise war das 1956 von der Küferei Bury größte gebaute Fass mit 134 hl (= 13.400 Liter; später durch Umbau 13.140 Liter) in der Geschichte des Handwerksbetriebes.

Auftraggeber war die ehemalige Klosterbrennerei Emmendingen am heutigen Standort der Sparkasse, die ihr Elixier in eine sehr ungewöhnliche und asymmetrische Flasche abfüllte und mit einem „C" auf der Flasche als Markenzeichen verkaufte. Die Brennerei wurde in den 1960ern inklusive dem Inventar und Teil der Belegschaft von Jägermeister in Wolfenbüttel übernommen. Der Destillateurmeister Wolfgang Kleisler war es auch, der ein Bildergruß mit dem Brogginger Fass darauf an Friedhelm Bury sendete und so die weitere Existenz nach dem Fassabschlagen in Emmendingen im Zuge der Umkellerung auch wieder das Aufschlagen des Fasses Nr. 444 im Wolfenbüttelner Keller bestätigte.

So schreibt sich die Geschichte der Küferei Bury weiter und nimmt uns an viele Orte mit.

Nach einem langen Brogginger Abend bei Friedhelm Bury und einem hier nur in Kürze wiedergegebenen Teil frage ich mich nun bei jedem Blick in einen Lagerkeller auf ein Küferfass:

Welche Geschichte magst du für mich bereithalten und mir wohl erzählen wollen?

Ein erster Schritt das Geheimnis zu lüften, ist vom Innenleben zu kosten.

Prosit.

Probierstube im Haus Bury im Winkel.

Fass Nr. 444 vor der Küferei nach der Fertigstellung.

Fass Nr. 444 im Jahr 2024
(Foto: Mast-Jägermeister SE, Wolfenbüttel).

Ca 30-hl-Ovalfasses aus der Küferei Otto Bury in Broggingen im Holzfaßkeller Badischer Winzerkeller Breisach. Das Fass repräsentiert die Winzergenossenschaft Broggingen. Das Motiv wurde von einem Endinger Holzschnitzer geschnitzt.

Das Bild mit Friedhelm Bury vor dem Fass wurde im Rahmen der „Glühweihnacht" Dez. 2019 im Badischen Winzerkeller Breisach gemacht.

Zitate

aus einer abgedruckten Rede in einer Zeitschrift zum Böttcher, Schäffler und Weinküferhandwerk im Jahre 1952; „Betrachtung über die Meisterprüfung" des Küfermeisters Otto Bury:

„Gibt es eigentlich etwas Schöneres, als wenn man sieht, wie sich unter unseren Händen und gelenkt nach den eigenen Berechnungen das Faß formt?"

„Ist es nicht interessant, zu wissen, welche Stellung man dem Faßboden geben muß, um- dem Druck des rumorenden eingefangenen Sonnenscheins standzuhalten?"

„Schwingt nicht die eigene Seele mit im monotonen Klang des Hammerschlages beim Reifen antreiben, durch welches Gebinde ein Ganzes, wird?"

Ausschnitt

aus einer abgedruckten Rede in einer Zeitschrift zum Böttcher, Schäffler und Weinküferhandwerk im Jahre 1952 („Feierliche Gesellen-Lossprechung") des Küfermeisters Otto Bury:

„Noch etwas möchte ich Euch sagen. Ihr seid nun Handwerksgesellen. Der Gedanke tiegt mir zwar fern, in Euch einen Standesdünkel zu erwecken oder Euch gar zum Hochmut zu verleiten. Aber wenn Ihr jetzt, der eine mehr, der andere weniger, am öffentlichen Leben Anteil nehmt, dann benehmt Euch so, dass Ihr Euch stets durch Ehrlichkeit im ganzen Wesen, Rechtschaffenheit und Charakterfestigkeit auszeichnet. Ihr und das Handwerk in seiner Gesamtheit gewinnt dadurch an Ansehen.

Vieles von dem, was ich Euch jetzt gesagt habe, haben einst bedeutende Staatsmänner in zwei kurzen Worten zun, Ausdruck gebracht; ich versuche schon lange, diese mir als Richtschnur dienen zu lassen, ob dies aber einem gelingt, entscheidet stets die Umwelt.

Das eine lautet: Mehr sein, als scheinen und das andere: Was Du tust, das tue ganz ..."

Endnoten

1 Die Schule stand einst an der Dragonerstraße nördlich der heutigen Walzentacho-Kleinmanufaktur jk13-Johannes Kässinger / Dragonerstraße 11.

2 Otto Bury heiratete in das Haus Hiß im Winkel, weshalb der Weg vom Schuppen nicht ins Elternhaus nebendran führte, sondern einige Meter mehr zurückzulegen waren.

3 heute Sigrid Burger-Coaching & Yoga / Dragonerstraße 7.

UnFassbare Geschichte von Fa. Mast Jägermeister auf die Mailabfrage nach einem Fass-Bild:

Das Fass Nr. 444 hat bereits eine lange Geschichte: Es wurde 1954 gebaut und war in der Klosterbrennerei Emmendingen bevor es 1975 in den Besitz von Jägermeister ging. Es ist allein durch seine Größe ganz besonders: Es fasst über 13.000 Liter und gehört damit zu unseren Giganten. Beispielsweise haben die neueren Fässer lediglich ein Fassungsvermögen von 10.000 Liter. Daher wird das Fass Nr. 444 im Fasskeller auch gehegt und gepflegt. Es wurde bisher zweimal repariert, in dem einige Dauben getauscht wurden. Dieses Eichenfass gehört zu den ältesten Großfässern, die Jägermeister im Bestand hat. Die sorgfältige Pflege und Wartung sowie Reparatur solcher Fässer macht es möglich, dass wir sie über Jahrzehnte nutzen können, was sie besonders nachhaltig macht.

Für Jägermeister werden 56 Kräuter, Blüten, Wurzeln und Früchte genutzt. Durch Mazeration werden ihre wertvollen Inhaltsstoffe, wie ätherische Öle, extrahiert und im Grundstoff vereint. Der Grundstoff bildet also die Quintessenz des typischen Jägermeister-Geschmacks. Die Fässer werden dazu genutzt, dass der Jägermeister-Grundstoff etwa ein Jahr lang „atmen" und reifen kann, um sein volles Aroma zu entfalten. Dazu spielt lediglich die Verbindung mit Sauerstoff eine Rolle und es sollen keine Aromen aus dem Holz in den Kräuterlikör übergehen. Daher werden die Fässer für Jägermeister neutralisiert und können über lange Zeiträume genutzt werden. Mit Fass Nr. 444 konnten wir bereits Millionen von Flaschen Jägermeister ausmischen und abfüllen. Die Reifung ist neben der Mazeration der wesentliche Produktionsschritt für Jägermeister. So dass es für Jägermeister bereits sehr wertvolle Dienste leistete.

Nikola Finke / Manager Global Communications

Den Besuch am 15.08.2024 bei Friedhelm Bury in Broggingen machte Thomas Reitzel
Text: Thomas Reitzel

Der „Uhrenmacher" Karl Ruf

Im März 2020 wurde der Arbeitskreis Geschichte und Geschichten zu einem Plausch beim Ehepaar Ruf (Uhrengeschäft Hauptstraße, später Nann) eingeladen. Mit einem kurzen Rückblick auf das Tabak-Jahresthema 2018 waren wir schon mittendrin in der Runde jener Zeitzeugen.

Hauptstraße Richtung Süden aus dem Jahre 1895; Kurbel ist links unten als dunkler Fleck zu erahnen.

Ruth Ruf erinnerte sich noch gut an Georgette Heppe. Man kannte sich und tauschte sich aus. So offenbarte Frau Heppe dem Ehepaar Ruf auch, dass sie ein Herz wie ein Pferd hätte und sie werde deshalb ein langes Leben haben. Wie viel Wahrheit in der Aussage steckte, zeigt ihr stolzes Alter von 90 Jahren (24.11.1906 – 05.12.1996) als sie verstarb.

Auch der Kontakt zur Familie Ernst Neusch und Ehefrau, insbesondere zu deren Sohn Stefan Neusch, zeigt die Verbindung zum Herbolzheimer Netzwerk, das so oft die Quelle vieler kleiner und liebenswerter Erzählungen war und ist.

Und es sind die Menschen, die die Familie Ruf begeistern. Zur logischen Konsequenz gehört damit zum Beispiel auch der Besuch von Stefan Neusch in Oberstdorf, bei dem sie erst dann wieder bereit waren, die Lobby des Hotels zu verlassen, nachdem man für sie Stefan Neusch ausfindig gemacht hatte.

Wenn Ruth und Karl Ruf von solchen Momenten erzählen, fühlt man sich live dabei und hat auch die Szenerie detailreich vor Augen.

Scheinbare Kleinigkeiten wie die Schranke an der Auffahrt bei besagtem Hotel, in die man „zwei Euro reinschmeißen musste" und die Karl lachend als eine „Art Maut" kommentierte; die Esel und Seen mit Tretbooten bis hin zum Kinderesstisch, an dem das Essen per Eisenbahn serviert wird, sind für Ruth und Karl Ruf das, was zum Leben der Menschen dazugehört.

(Im Hintergrund schlägt eine kleine Standuhren mit sehr hellem Ton die Stunde an.)

Der Rückblick auf Herbolzheim und die Geschichte und Geschichten des Traditionsuhrmachergeschäftes leitet Karl Ruf mit den Worten ein, dass „seine Möglichkeiten sehr bescheiden sind" und eröffnet das Thema mit einem Bild: „Das einzige Bild, von dem ich hundertprozentig weiß, in welchem Jahr es entstanden ist und was es bedeutet, ist das hier (zeigt Bild der Hauptstraße im Jahre 1895) ... Also, das stammt von 1895 und zwar kennen Sie ja alle sicherlich noch den Dautel-Martin. Und die Frau vom Dautel-Martin war eine geborene Kaiser." Und spätestens in diesem Moment trennt sich unter den Interviewern die Spreu vom Weizen und ich bin froh, Claudia Bühler als Herbolzheimer Fachfrau an meiner Seite zu haben. Herr Ruf fährt fort: „Und der ihr Großvater war Lithograph, also Steindrucker. Und er hat dieses Bild gemacht und nach diesem Steindruck wurde es dann fotografiert. Aber!:" Das Signalwort holt mich wieder zurück in die Runde und ich höre, dass dieses Bild eine Rarität bereithält. „Das besondere auf diesem Bild ist, wenn man genau hinsieht, hier eine Kurbel an der linken Mauerseite. Man sieht es fast nicht. Man muss also schon sehr genau hinschauen. Und mit dieser Kurbel wurde diese Laterne (zeigt auf ein Element auf dem Bild) jeden Abend heruntergekurbelt, mit Petroleum gefüllt und angezündet und dann wieder hochgekurbelt. Das ist das Besondere an dem Bild."

Mit weiteren Bildern wird die Umgebung des späteren Uhrmachergeschäftes beschrieben. So verweist ein Schild auf die einstige Bier-Brauerei Bosch (Rusterstraße), die sich östlich in der zweiten Häuserreihe befand. Mit dem nicht erkennbaren Schuhmachergeschäft zeigt Karl Ruf, dass ein Bild oftmals für das interessant ist, was man nicht darauf sieht.

Das Uhrmachergeschäft war, wie auf einem Bild von 1895 erkennbar, zuvor ein Bauernhaus mit einem Tor. Es befand sich in der Nähe des ehemaligen Textilwarengeschäftes Schnabel (heute Fuchs) und nördlich daneben das Haushaltswarengeschäft Ulmer. Mit dem Kauf des Hauses durch Karl Rufs Vater im Jahre 1925 wurde das Uhrengeschäft angebaut.

In dem Interview wird mir nochmal bewusst: Wer in Herbolzheim einen Ort innerorts adressiert, tut dies nicht mit Hausnummern oder Geodaten. Das geschieht mit Namen, oder vielmehr mit Alias.

Und so wird die Lokalität, die ein weiteres Foto zeigt, ausgehend vom Rebstock oder vielmehr dem Haus gegenüber beschrieben. Der östliche Straßenzug führt von Kirnberger aus gesehen vorbei am Haus Feuerstein, dann Gasser-Bäck über Singler (Haus Nr. 71; später abgerissen und wieder aufgebaut; bis 2019 fand sich im Erdgeschoss eine Apotheke. Heute ist es ein Lernstudio) und dann zum Mutschler.

Weiter führte die Straße am „Haus Person“ und danach an einem Haus, das abgerissen wurde, vorbei. Gefolgt wird die Häuserzeile vom „Guntner“ (Haus Nr. 79; ehem. Schreibwaren und Tabak, heute Kebap-Gastronomiebetrieb), dem „Haus Fees“ (Sattlerei) (Haus Nr. 81, heutige Stickerei) und letztlich der Villa Rosswog (deren Verwandte einen Auftritt im Schwarzwaldfilm „Schwarzwaldmädel“ hatte; Trude Rosswog).

Die östliche gedankliche Begehung der Hauptstraße führt noch an einem abgerissenen Haus und dann am „Haus Örtle“ vorbei, bis am katholischen Gemeindehaus die Straßenseite gewechselt wird. Auch auf der westlichen Straßenseite starten wir beim Rebstock, gehen vorbei am „Schuhgeschäft Freyler“ (Heute Kebap-Gastronimiebetrieb) sowie „Tabak-Huser“ (Haus-Nr. 54; heute Parfümerie Eckmann).

Im Stadt-Café gründete Karls Vater am 13. Oktober 1919 das Geschäft. Mit den weiteren Nachbarn Herbstritt, „Herdrich Sattler“ genannt und Lautemann (Verwaltungsgebäude Fa. Heppe) war damit der Standort dann umfassend beschrieben.

Sein Dasein als Uhrenmacher wurde mit der Lehre gelegt. Und jeder Lehrmeister seiner Zeit stellte dem Nachwuchs ein Zeugnis aus. So verweist Karl Ruf auf ein Lehrzeugnis seines Vaters vom 18.03.1911, in welchem steht: „‚... auch im Ladengeschäft war er brauchbar‘ – das hat ihm scheints nicht so gefallen,“ lacht Karl Ruf.

Wie er seine Wochenendarbeit bewertete, in der er sonntäglich „höheren Herrschaften“ die Uhren aufzuziehen hatte, ist nicht überliefert. Vermutlich war dies eine willkommene Abwechslung, insbesondere mit Blick auf die üppigen Trinkgelder.

Sein Lehrbetrieb war in Freiburg in Unterlinden der Hofjuwelier Schäfer, welcher später der Goldschmied Wiedemann übernommen hatte. Dieser gab sein Geschäft zum 04. Januar 2020 auf.

Anfang des 20. Jh. war der Hofjuwelier Schäfer eine große Ausbildungswerkstätte. Karl Ruf beschreibt die Szenerie, wie sie sein Vater sicherlich nicht präziser hätte beschreiben können: „Die hatten also eine ganze Kompanie von Lehrlingen. Da musste man noch Lehrgeld bezahlen, aber dafür wohnte er im Hause und wurde dort auch verköstigt. Interessant war, hat er mir erzählt, die Rangordnung. Oben saß der Chef, dann kam die Frau neben dran, dann kamen die Meister und dann die Gesellen und dann die Lehrlinge. Die (Lehrlinge) waren ganz unten. Und wenn das Essen kam, fing das beim Meister an. Dann hat es passieren können, bis es zu den Lehrlingen gekommen war, es nichts mehr drauf war. Dann hat der Chef gesagt: ‚Gehen Sie in die Küche, da ist noch mehr‘. Aber in der Küche war manchmal nichts (lacht). Das war schon eine harte Zeit.“

Nach der Lehre ging Karl Rufs Vater als Geselle wie üblich auf Wan-

Hauptstraße; rechts das Uhrmachergeschäft.

derschaft. Dabei besuchte er die Hochburgen seines Handwerks. Bekannt war das damals dem Kaiserreich zugehörige Straßburg, Nürnberg und Wilsdruff bei Dresden.

Nach jedem Aufenthalt wurden seine Leistungen mit einem Zeugnis bescheinigt.

Mit Blick auf den Umfang sticht das Nürnberger Zeugnis hervor. Mit leiser Stimme lüftet Karl Ruf das Geheimnis, das hinter dem sehr kurz gehaltene Zeugnis aus Nürnberg verbirgt:

„Das hat einen Hintergrund: Der (Meister) hatte eine Tochter und meinte unbedingt, dass mein Vater sie heiraten sollte. Aber sie war evangelisch. Und das war ja damals ... (macht eine Pause) ... 'des isch halt nid gange'. Und dann schreibt er nur kurz: Karl Ruf war vom 20. Oktober 1912 bis März 1913 in meinem Geschäft als Gehilfe tätig und hat sich während dieser Zeit gut, treu, ehrlich und fleißig bewiesen. A. Bernhard, Petters Nachfolger Nürnberg“. Das ehemalige Uhrenmacher-Haus in Nürnberg, Königsstraße 57 gibt es heute nach dem Wiederaufbau wieder.

Ausführlicher als das Nürnberger Zeugnis war hingegen das aus Straßburg-Neudorf vom 15. Oktober 1912: „Hiermit bescheinigen wir Herrn Ruf, dass derselbige bei mir seit 8. Juli 1912 bis 15. Oktober in meinem Geschäft als Gehilfe tätig war. Herr Ruf hat sich während dieser Zeit als fleißiger und ehrlicher (das war in dieser Zeit und Branche sehr wichtig) stets bewährt. Ich kann denselben meinen Kollegen bestens empfehlen und wünsche ihm zu seinem weiteren Fortkommen Glück. Karl Waldau, Uhrmacher in Straßburg-Neudorf“.

In der Zeit der Wanderschaft galt es nicht nur neue Arbeitsweisen zu erlernen, sondern auch andere Menschen zu verstehen. So erzählt Karl Ruf die Geschichte seines Vaters, der bereits am ersten Tag in Dres-

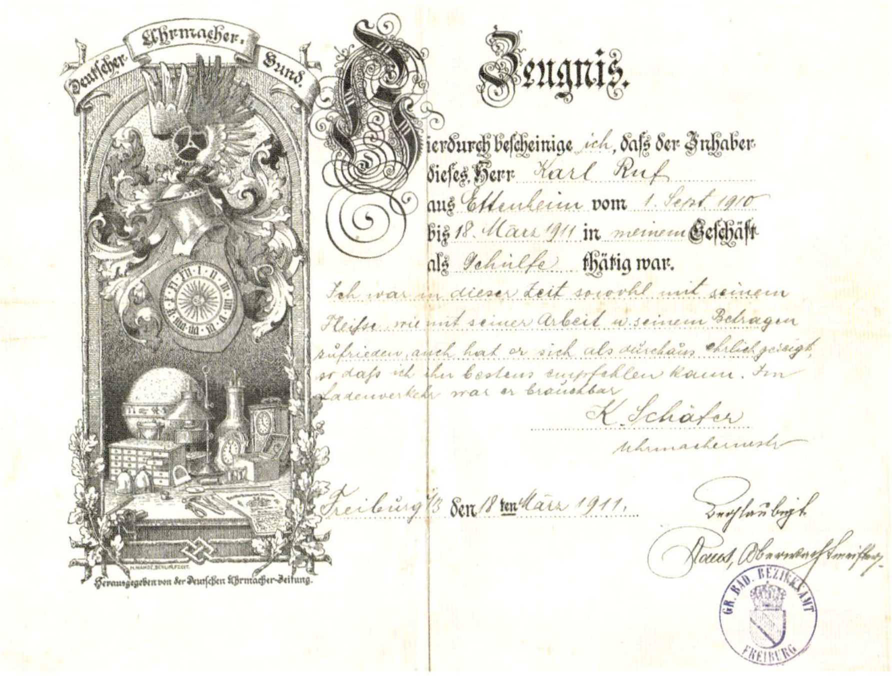
Deutscher Uhrmacher-Bund

Zeugnis.

Hierdurch bescheinige ich, daß der Inhaber dieses, Herr Karl Ruf
aus Ettenheim vom 1. Sept 1910
bis 18. März 1911 in meinem Geschäft
als Gehilfe thätig war.
Ich war in dieser Zeit sowohl mit seinem Fleiße wie mit seiner Arbeit u. seinem Betragen zufrieden, auch hat er sich als durchaus ehrlich gezeigt so daß ich ihn bestens empfehlen kann. Im Ladenverkehr war er brauchbar.
K. Schäfer
Uhrmachermstr.

Freiburg i/B den 18ten März 1911.

Beglaubigt

Herausgegeben von der Deutschen Uhrmacher-Zeitung.

GR. BAD. BEZIRKSAMT FREIBURG

Zeugnis erstellt durch K. Schäfer, Freiburg.

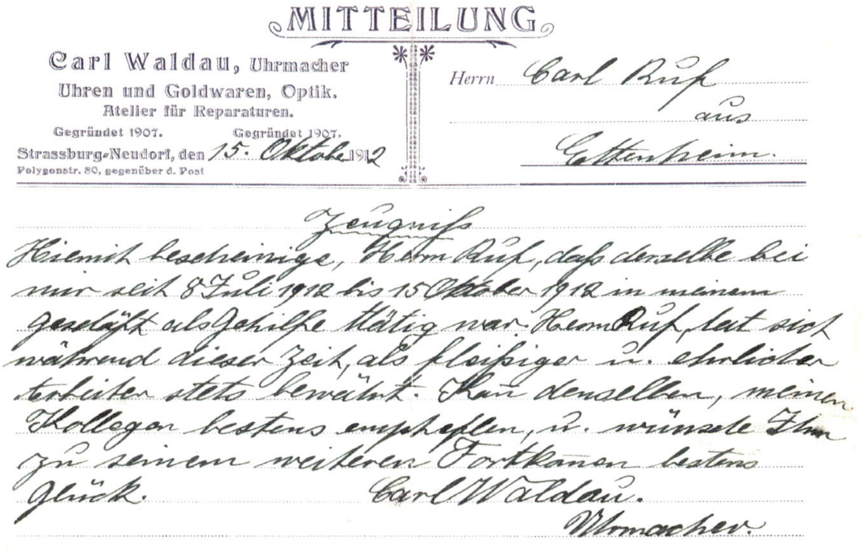
MITTEILUNG

Carl Waldau, Uhrmacher
Uhren und Goldwaren, Optik.
Atelier für Reparaturen.
Gegründet 1907.
Strassburg-Neudorf, den 15. Oktober 1912
Polygonstr. 80, gegenüber d. Post

Herrn Carl Ruf
aus
Ettenheim.

Zeugniß
Hiemit bescheinige, Herrn Ruf, daß derselbe bei mir seit 8. Juli 1912 bis 15 Oktober 1912 in meinem Geschäft als Gehilfe tätig war. Herr Ruf hat sich während dieser Zeit, als fleißiger u. ehrlicher Arbeiter stets bewährt. Kann denselben, meinen Kollegen bestens empfehlen, u. wünsche Ihm zu seinem weiteren Fortkommen bestens Glück.
Carl Waldau.
Uhrmacher.

Zeugnis erstellt durch Karl Waldau, Uhrmacher in Straßburg-Neudorf.

den einen Kunden bedienen sollte, der ihn mit den Worten ansprach: „Junger Mann, machen Sie mir bitte einen Weißer auf den Zeicher". Worauf Karl Rufs Vater erwiderte: „Was wünschen Sie?" Der Kunde wiederholte seinen Wunsch: „Einen Weißer auf den Zeicher." Mit einem „Entschuldigen Sie bitte" löste sich Karls Vater kurzfristig aus der Situation und ging in die Werkstatt zu seinem Chef und erklärte ihm: „Sie, da draußen steht einer. Ich weiß nicht, was der will. Der will einen Weißer auf den Zeiger." Sein Chef gab ihm daraufhin die Vokabeln an die Hand und klärte auf: „Das kann ich Ihnen erklären: der Zeiger ist die Uhr und der Weiser ist der Zeiger. Der weist auf die Zeit hin."

Alsbald kam der Erste Weltkrieg und Karl Rufs Vater fand sich bei den Nachrichten-Truppen.

Die Liebe zu den Uhren festigte sich während seiner Internierung in Sewastopol auf der Krim in einem Uhrengeschäft. Um ein Haar wäre er dort für immer geblieben. „Aber seine Mutter hatte geschrieben ‚komm doch wieder heim, komm doch wieder'. Wie das früher war, die Söhne haben ihren Müttern gefolgt", erzählt Karl Ruf den Weg über Ettenheim nach Herbolzheim zurück.

Kurz nach dem Eröffnung des Uhrengeschäftes lag der Fokus auch auf dem Verkauf von Radio-Geräten, die er in der Gewerbeausstellung 1921 in der Volksschule (heute: Turnhalle Grundschule) präsentierte.

Das während des Krieges in der Nachrichten-Truppe erworbene Wissen nutzte Karl Rufs Vater nach dem Krieg als Radiohändler.

„Das war ein ganz junges Gewerbe. Da gab es weder eine Ausbildung, noch eine Prüfung oder irgendetwas. Da sind die Radios einfach so verkauft worden und jeder hat selbst dran rumgedreht", beschreibt Karl Ruf den Start in die damalige Radio Branche.

„Er hat richtig angefangen damit um 1928. Und zwar hat er auch an Wirtschaften im unteren Breisgau hier sogenannte Musikanlagen geliefert. Das war ja früher so, eine Wirtschaft hat auch Musik haben müssen. Und damals kamen ja die Schallplatten auf. Und das sieht man auf dem einen Bild", führt Karl Ruf aus und zeigt ein Bild, auf dem die Ware mit den Worten „Radio" und „Schallplatten" angepriesen wird. Der gleichzeitige Verkauf von Grammophonen und zugehörigen Schallplatten wurde damit lange praktiziert, bevor der Marketingbegriff cross-selling nach Herbolzheim gelangte.

Diese Musikanlagen und die Schallplatten wurden in der gesamten Region Rheinhausen, Weisweil, Kaiserstuhl verkauft. Oft wartete man Ereignisse wie Fasnacht ab, um sich dann in den Gasthäusern zu regelrechten „Musik-Events" zu treffen.

Der Verkauf dieser Geräte war ein gutes Geschäft. Zumindest am Anfang. Und dass Karl Rufs Vater einen guten Zugang zu den Kunden hatte, zeigt der Titel um 1937/38 „Bester Verkäufer im Unteren Breisgau", den er von seinem Großhändler verliehen bekam. Zum Titel gab es noch einen Elektroherd als Preis obendrauf. Der elektrische Herd war einerseits eine absolute Sensation, andererseits wurde der Herd, wenn das Essen zu heiß war, vom kleinen Karl gegenüber seiner Mutter mit den Worten „Hesch hit wieda elektrisch kocht" kritisch kommentiert.

Neben Abspielgeräten und Radios waren es auch Sprechanlagen, die Karl Rufs Vater vertrieben hat.

Nicht alle Menschen hatten ein Radio und so waren in den Orten Lautsprecher verteilt, über die die wichtigsten Neuigkeiten verkündet wurden. Ein solcher Lautsprecher war auch auf dem Balkon des „Uhrenmachers" montiert.

Insbesondere die Sprechanlagen hatten zu Beginn des 3. Reichs enorm an Bedeutung gewonnen, wollte oder sollte man den Führer doch sprechen hören.

Gerade diese Zeit war für freie Geister sehr bedrückend, wie Karl Ruf eine Situation von einst beschreibt: „In Weisweil ist dann auch wieder diese (Sprech)Anlage zum Verkauf ausgestanden und das war 1939. Mein Vater ist hingefahren und hat eine Bewerbung abgegeben, also ein Angebot gemacht. Da war einer von der Kreisleitung da. Die erste Frage war ‚Sind Sie in der Partei?'. Aber mein Vater war damals noch nicht in der Partei. ‚Dann können Sie gleich wieder nach Hause gehen, wenn Sie nicht in der Partei sind. Dann kriegen Sie den Auftrag nicht'. Dann ist es hart geworden, das Geschäft."

Zum Verkauf von Neugeräten kam auch ein Zubrot durch Reparaturaufträge. Hier stand Ruf in Verbindung mit seinem Lieferanten in Freiburg, welcher eine große Reparaturwerkstatt hatte. Oft kam der Kundendienst direkt zur Verkaufsstelle und hatte dann bei Rufs im Geschäft eine Fehlerfeststellung durchgeführt. Wenn das nicht zum Erfolg führte, wurde das Gerät nach Freiburg in die Werkstatt mitgenommen. Durch Rufs Kenntnisse wurden damals einfachere Reparaturen wie der Röhrenwechsel selbst durchgeführt.

Karl Ruf erinnert sich an einige derartige Reparaturen in der Werkstatt und stellt lachend fest: „Und während dem Krieg war es verboten ausländische Sender zu hören. Und wenn mein Vater halt repariert hat, ist er halt mal ‚versehentlich' auf den Schweizer (Sender) gekommen und hat halt so Nachrichten gekriegt, die normalerweise nicht so möglich war."

Insgesamt hatte er seinen Humor nie verloren. So gab der am 30.01.1892 Geborene an, dass die Nationalsozialisten diesen großen Feiertag nur ihm zuliebe eingebracht hätten.

Auch Karl Ruf erinnert sich: „Man war halt gemusst – gewollt, oder nicht – im Jungvolk. Ich hab mich insofern ‚abgeseilt' und bin zum Spielmannszug gegangen. Da hat man nur Piccolo-Flöte lernen müssen und hatte keine Geländespiele und kein Exerzieren machen müssen. Ich war also ein Drückeberger, wie man so schön sagt. Und mein Vater war als politisch unzuverlässig eingestuft, weil, wenn er als gesammelt hat fürs WHW (Winterhilfswerk) zu den Leuten gesagt hat: ‚gen halt was Sie kenne und wenns hald wenig isch, ischs hald nid viel' und das ist halt auch bekannt geworden."

Für den Krieg wurde neben Geld auch Wertstoffe gesammelt. 1941 wurden von den vier Kirchenglocken drei abgeholt. Karl Ruf bemerkt: „Allerdings kamen zwei wieder zurück, weil man doch schlau war, man hat historische Glocken zunächst aussortiert. Und die Große ist ja beim Bau der Kirche, also 1754 gegossen worden und die Kleinste war noch älter – 1668, soviel ich weiß. Und die Älteste von 1539, die durfte ja dableiben. Und was neuer war, wurde alles eingeschmolzen. Aber mir hat mal ein Glockengießer erzählt, das wäre eine reine Terrormaßnahme gewesen." Denn Glockenbronze wäre nicht verwertbar gewesen. Die Materialtrennung sei viel zu aufwendig und teuer gewesen.

Ruth Ruf beschreibt ein Abholverfahren der Glocken in Bühl, das Herbolzheim erspart blieb.

Die Glocken wurden dort oben im Turm zusammengeschlagen und die Kinder sind unten gestanden und haben das mitangehört. Die Splitter wurden dann in Körben runter gebracht. Ruth Ruf erzählt, dass sie sich als Kinder jeweils einen Glockensplitter mitnehmen durften.

Mit Verweis auf seine Fronterfahrung aus dem Ersten Weltkrieg wurde Karl Rufs Vater gegen Ende 1944 mit 51 Jahren zum Volkssturm eingezogen und als Kommandant in einem Bunker in Breisach eingesetzt. Die Besatzung jenes Bunkers bestand aus dem „alten Guntner" und zwei Hitler-Jungen. („Löffel Franz"; unbekannt). Karl Ruf gibt das Erlebte seines Vaters wieder: „Auf der anderen Seite standen schon die Alliierten hoch bewaffnet. Da hat mein Vater gesagt: ‚Meine Herren, wenn es da drüben losgeht, ist mein Weg da hinten raus.' Dann haben die zwei Jungen gemeint: ‚Herr Ruf das können Sie nicht machen. Das ist Vaterlandsverrat.' Dann hat mein Vater gesagt: ‚Wir haben ein Maschinengewehr mit 120 Schuss und 3 Karabiner. Glauben Sie vielleicht, wenn das da drüben losgeht, wenn ein Geschütz am anderen steht – die lachen Sie ja aus, wenn Sie mit Ihren Karabiner da rüber feuern.'" Karl Ruf erinnert auch an den generellen unbeheizten Aufbau der Bunker, in denen die beiden älteren Herren dann im Januar rheumabedingt nahezu unbeweglich waren. Das führte dazu, dass sie nach Kirchzarten zum Nachschub für Ernährung versetzt wurden. Acht Tage bevor die Franzosen kamen, wurde der Vater von Karl Ruf entlassen.

Als der Krieg vorbei war, gab es keine Schule und Karl Ruf arbeite ein Jahr lang bei seinem Schulfreund Heinz aus Villingen auf der Landwirtschaft. Die Verbindung bestand über den Großvater August Dörle in der Rubenstraße, der in Herbolzheim nur als „s'Hansilis Guschd" bekannt war.

Einiges aus dieser Zeit hat Karl Ruf aus Erzählungen mitgenommen. So auch den Einmarsch der Franzosen und der in Herbolzheim gefangene französische Leutnant Yves, der der Gruppe entgegen ging und von der guten Behandlung sprach. Sicherlich war dies auch ein Grund, weshalb Herbolzheim in der ersten Etappe mit den kämpfenden Truppen vor Plünderungen und ähnlichem verschont blieb.

Das Haus der Familie Ruf beherbergte am ersten Tag 13 Mann Besatzung, für die Karl Rufs Mutter kochen musste. Im 2. Stock wurde mit Maschinengewehren der Berg gesichert.

Die Maria-Sand-Straße war die Trennungslinie.

Im Gedächtnis blieb Karl Ruf auch der Chef der Truppe, der seinen Vater fragte: „Wo haben Sie Ihre privaten Räume?" Nach der Antwort „im Erdgeschoss" gab der Trupp-Führer die Anweisung: „Schließen Sie ab. Wenn Sie belästigt werden, melden Sie sich bei mir."

Karl Ruf beschreibt die damalige Lage: „Also die waren sehr großzügig und eben durch diesen Yves war halt die Sicherung da. Und meine Schwester hat aus welchen Gründen auch immer französisch gelernt gehabt. Und das war natürlich ideal. Ich weiß heute noch nicht warum, das war so ein Vogel von ihr."

Alsbald wurden die kämpfenden Truppen abgezogen und unter der nachfolgenden Besatzung ist so einiges passiert. Eines Tages kam ein ganzer Trupp und der elsässische und damit deutschsprechende Truppführer stellte sich ein und forderte Uhren vom Uhrenmacher. Karl Rufs Vater konnte nur entgegnen, dass es keine Uhren mehr gibt, da 1940 bereits alle neuen Uhren an die Truppe abgegeben werden mussten. Mit Nachdruck wurde die Forderung nochmal wiederholt, erzählt Karl Ruf: „Wenn bis in fünf Minuten keine Uhren da sind, druck ich ab" (Pistole im Anschlag). Dem konnte sein Vater nur entgegnen: „Sie können gleich abdrücken, denn ich hab auch in fünf Minuten keine Uhren."

„Das war natürlich schon eine etwas kitzelige Situation", führt Karl Ruf weiter aus. „Aber dann haben sie in der Werkstatt angefangen die Schublädle aufzumachen. Da waren natürlich noch Reparaturen drin. Zum Teil auch aus dem Elsass. Dann hat mein Vater gesagt: ‚Da klauen Sie Uhren von euren eigenen Landsleut.' ‚Jo, die sind gerade recht.' Das sind so Erlebnisse von der Kriegswende." Karl Ruf lacht im Rückblick auf die unsichere Zeit.

Denn manchmal schienen die Begebenheiten auch kurios oder als Verkettung unglücklicher Umstände. „Dann ist mal so ein Besoffener gekommen und hat unsere Außenuhr mit seiner MP durchlöchert. Ja, dann mussten mal die Radiogeräte abgegeben werden, usw usw und so fort. Es war schon eine üble Zeit bis sich die Geschichte sich allmählich so normalisiert hat. Es wurden dann Plakate aufgeklebt von den KZs. Von diesen vielen Toten und Verhungerten und drüber stand ‚Wessen Schuld ist das?'. Jetzt haben natürlich die Plakate nach drei, vier Wochen vom Wind und vom Wetter allmählich abgeblättert. Und der französische Ortskommandant hat dann gesagt, das wäre Sabotage. Und da müssen mitten im „Heuet" (= Heuernte), da war eine Sperre von abends 6 Uhr bis morgens 9 Uhr. Da durfte niemand auf der Straße sein. Und er ist mit seinem Hund und seiner Reitpeitsche am Arm durch die Straße und hat geguckt, ob das auch eingehalten wird."

Nicht alle haben es rechtzeitig nach Hause geschafft. So konnte Karl Ruf vom Fenster aus beobachten, wie der „alte Metzger Ruf" (Fußnote: Schwiegervater des Fritsch-Metzgers) fünf Minuten nach sechs mit dem Rad ankam. Er stieg vor dem Kommandanten ab und wollte aus Gewohnheit den Hitlergruß zeigen. Sich dessen gerade noch rechtzeitig bewusst werdend gebot er sich selbst mit dem linken Arm Einhalt und schloss diese brenzlige Situation mit den Worten „ohohoho" ab. Der beinahe durchgeführte Hitlergruß im Affekt ist dann aber doch auf Verständnis gestoßen ist und ihm ist nichts passiert.

„Aber für uns war die Ausgangssperre blöd. Ich war beim Großvater von meinem Schulfreund", erklärt Karl Ruf die Auswirkung. „Ich hab bei denen übernachten müssen. Am Morgen um 9 sind alle vor dem Hoftor gestanden und dann nichts wie raus und los auf die Matte, dass man die Sache (Ernte) noch heimgebracht hat. Das waren dann 4 oder 6 Wochen."

Nach dem Krieg hatte die Familie Ruf den Verkauf von Abspielgeräten und Radios beendet, zumal sich dann auch immer mehr Unternehmen (z.B. Fa. Elektro-Bartsch) in diesem Bereich spezialisiert hatten und sich die Technik stark veränderte. Man wandte sich der Augenoptik zu.

Für Optikbetriebe gab es, anders als für den Radio-Verkauf, strenge Auflagen. Dem Verband musste nachgewiesen werden, dass eine getrennte Optikerabteilung mit Prüfraum und vieles mehr existiert.

Den Rückblick auf die Veränderungen, die vielen Geschehnisse und die vergangene Zeit beschreibt Karl Ruf lachend mit dem Herbolzheimer Sprichwort: „Ziatt vergoht, Liacht verbrennt".

Karl Ruf fügt noch abschließend hinzu: „An was ich mich erinnere, war, als der Hindenburg gestorben ist. Und das ist 1934 gewesen. Da sehe ich mich vor der Ladentüre stehen, die Glocken läuten, die Leut sagen ‚Der Hindenburg ist gestorben'. 32 bin ich geboren, das war 34! Mein frühestes Erlebnis...Und dann natürlich, wo ich leider keine Pistole besessen hatte, wo der Hitler durch Herbolzheim gefahren ist. Das sehe ich auch noch vor mir. Wir sind auf der Terrasse oben gestanden. Der Führer fährt vorbei mit der Hand nach oben. Da hätte man so leicht eliminieren können."

Ruth Ruf ergänzt: „Meine Schwester hat dem Hitler einen Blumenstrauß überreicht in Bühl. Das sehe ich auch noch ewig vor mir ... Hitler im offenen Wagen."

Hoffen wir, dass die Erfahrungen aus der Geschichte noch lange in Erinnerung bleiben und wir daraus die richtigen Schlüsse für die Zukunft ziehen.

Das Interview führten: Claudia Bühler und Thomas Reitzel
Text: Thomas Reitzel

Walter Winkler

Der 90. Geburtstag ist ein guter Anlass um zu feiern und Rückschau zu halten. Diesen Geburtstag hat Walter Winkler am 13.06.2024 begangen. Und wie bei solchen Anlässen üblich besuchte Bürgermeister Thomas Gedemer den Jubilar, um die Glückwünsche und ein Präsent der Stadt Herbolzheim zu überbringen. Die beiden kamen lebhaft miteinander ins Gespräch und so erfuhr der Bürgermeister einiges vom bewegten Leben des Geburtstagskindes. So war die Idee geboren Walter Winkler zu interviewen und aus seinem Leben erzählen zu lassen.

Die Ehre dieses Interview zu führen, fiel mir zu. Da ich Herrn Winkler bisher nicht kannte, versuchte ich zunächst mich über das Herbolzheimer Sippenbuch schlau zu machen. Allerdings erfuhr ich dort nur, dass Walter Winkler am 13.06.1934 geboren wurde und bei seinen Eltern und dem Bruder in der Luisenstraße aufwuchs.

In seiner großen, hellen, geschmackvoll eingerichteten Wohnung in der Bismarckstraße empfing mich ein agiler, freundlicher Herr. Die 90 Jahre hätte ich ihm niemals vermacht.

Wir kommen sofort ins Gespräch. Er hat Sattler gelernt. Die Lehrjahre begannen 1949 und waren sehr streng. Walter Winkler hat keine guten Erinnerungen daran. Vor seinem Lehrherrn hatte er Angst. Zu Beginn der Lehre wurde ihm gesagt: „Du kaufst dir einen eigenen Werkzeugkasten, du machst unser Werkzeug nicht kaputt!" Allerdings, wenn grobe Arbeiten zu erledigen waren, wurde sein Werkzeug benutzt! Der Werkzeugkasten hat damals 64,– Mark gekostet, was für den jungen Walter ein kleines Vermögen war. Er erinnert sich, dass er damals mit Walter Fees, der ebenfalls Sattler lernte, zusammen die Berufsschule in Emmendingen besuchte. Wenn die beiden jungen Männer gemeinsam am Bahnhof standen und auf den Zug gewartet haben, wollten sie gerne „große Männer" sein und kauften gemeinsam eine Zigarette. „Aber geraucht habe ich nie!"

Nach der Lehre hat er für vier Jahre bei einer Karlsruher Firma gearbeitet, die Kinos mit der Leinwand und den Rahmen drumherum ausgestattet hat. Diese Arbeit musste sehr präzise ausgeführt werden, damit der Filmgenuss perfekt war. Zunächst wurden die Kinos der amerikanischen Kasernen, zu der Zeit gab es ja noch den amerikanischen Sektor, ausgestattet. Später natürlich wurden alle Kinos in diesem Gebiet von der Firma ausgerüstet. In dieser Zeit hat er einiges erlebt. In den ersten drei Reihen der amerikanischen Kinos saßen die Kinder, die mit Messern die Sitze aufschlitzten und Colaflaschen auf die Bühne warfen.

In der Kaserne Ulm Leipheim wurde er einmal festgesetzt. Er hatte vergessen, sich beim Eintritt auf das Gelände eine Legitimation zu besorgen, und wurde beim Ausgang verhaftet. Eine Nacht ist er festgehalten worden, solange dauerte es, bis seine Identität geklärt werden konnte.

„I make the screen and the black curtain for the movie" war der Satz, den er beim Betreten der Kasernen sagen musste.

In einer Kaserne in Augsburg wurde sein Personalausweis versehentlich einem anderen Mann ausgehändigt. Da weder Mann noch Pass wieder auffindbar waren, hatte er sich ein neues Dokument zu besorgen. Und obwohl er einen Schrieb von der Militärpolizei hatte, der den Sachverhalt erklärte, wurde ihm in Herbolzheim auf dem Passamt ein neues Ausweisdokument verweigert. So begab er sich an einem Samstag nach Emmendingen auf das Landratsamt und bekam dort das Gewünschte ausgestellt.

Walter und seine jungen Kollegen kamen in dieser Zeit viel herum und natürlich standen ihnen Spesen zu.

Bei der Arbeit in den Gugelwerken Freiburg in den 60er Jahren.

Um diese zu sparen, übernachteten sie manchmal in den Kinos, in denen sie arbeiteten. Sie schliefen auf den Bühnen und deckten sich mit den Vorhängen zu. Vor den Bühnen befanden sich die Lichtschächte, die mit einem Gitter abgedeckt waren. In diesen Schächten lag immer Popcorn herum, daher gab es natürlich jede Menge Mäuse. In der Nacht wurden diese sehr aktiv. Sie streckten ihr Köpfe und liefen munter umher. In jedem Kino stand ein Klavier und der Höhepunkt war, wenn die Mäuse über das Klavier liefen und Musik machten.

Die amerikanischen Soldaten hatten das Geld meist lose in den Taschen. Beim Kinobesuch lümmelten sie sich so in die Sitze, dass ihnen das Geld aus den Taschen in die Polster rutschte. Nach den Filmvorstellungen gingen die jungen Monteure durch die Reihen und sammelten das Geld, das sie in den Ritzen der Sitze fanden, ein. Anschließend haben sie damit in der angeschlossenen Snackbar eingekauft.

Hochzeitsbild von Renate und Walter Winkler 1969.

Nach vier Jahren wechselte Walter die Stelle und fing bei den Gugelwerken in Freiburg an. Diese Firma stellte unter anderem Planen für LKWs her. Aber auch Abdeckungen für die wertvollen Geräte des Fraunhofer Instituts. Es wurden auch Prototypen für Abdeckungen von Flugzeugen entwickelt und hergestellt. Dies war eine besonders diffizile Angelegenheit, die vom Wehrbeschaffungsamt abgenommen werden musste.

In dieser Zeit hat er auch seine spätere Frau Renate kennengelernt. 1969 wurde geheiratet. Das Paar hat einen Sohn und zwei Enkel. Leider lebt Renate seit einiger Zeit im Pflegeheim, wie Walter bedrückt erzählt. Er hat sie jahrelang gepflegt, aber als es seine Kraft überstieg, mussten sie sich schweren Herzens zu diesem Schritt entschließen.

Die späteren Berufsjahre arbeitete Walter Winkler in Kippenheim bei Fiat. Er ermittelte dort unter anderem Transportschäden. Seit 1994 befindet er sich in Rente.

Walter erzählt auch, dass er als Kind den Krieg erlebt hat. Sein Vater war damals bei der Flugwacht in den Brutlehen eingeteilt. Zunächst erzählt er, hat er alles als großes Abenteuer erlebt. Einmal war er in Maria-Sand, als vier Jagdbomber über den Berg von Osten herkamen und einen Zug angriffen. Es war ein Versorgungszug, der Milch und Lebensmittel nach Freiburg bringen sollte. „Nach dem Angriff war ich neugierig. Ich bin an den Bahndamm um mir die Schäden anzuschauen. Da kamen die Bomber zurück und griffen erneut an. Da habe ich mich in das Tabakfeld geduckt. Und dann war es kein Abenteuer mehr!

Er erinnert sich auch daran, dass sie bei Fliegeralarm in der Schule in den Keller mussten. Zunächst kamen zwei Aufklärflugzeuge, danach ging es mit der Bombardierung los.

„An Hitlers Geburtstag mussten wir alle auf dem Schulhof antreten und die Hand zum Hitlergruß erheben! Das war mit der Zeit so schwer, dass wir den Arm mit der anderen Hand stützen mussten. Und Mai- sowie Kartoffelkäfer mussten wir sammeln. Die kamen in einen großen Kessel mit kochendem Wasser."

Er erinnert sich auch, dass die Soldaten die Blindgänger einsammeln mussten. Die Familie Winkler hatte einen Leiterwagen, den sich die Soldaten ausliehen um die Blindgänger drauf zu legen und zu transportieren. Als sie den Leiterwagen mit den Blindgängern in den Hof der Familie deponieren wollten, wurde die Mutter wütend und wies die Soldaten an, die explosive Ladung sofort an eine geeignete Stelle zu befördern.

Einmal stand ein Militärzug vor dem Bahnhof in Höhe der Firma Brüning, der von Bombern angegriffen wurde. Die Explosionen waren gewaltig. Später fanden die Kinder dort Pulverstangen, die sie aus den Kartuschen zogen. Sie zündeten sie an, steckten sie in die Regenrinnen und freuten sich über das Feuerwerk.

„Für uns Kinder war das alles ein großes Abenteuer, erst später wurde uns bewusst, wie grausam so ein Krieg ist. Damals habe ich nicht kapiert, um was es geht, das habe ich erst später verstanden. Dieses Denken ist einem eingehämmert worden. Die jungen Männer wollten doch gar nicht weg, sie wären lieber bei ihren Familien geblieben. Und bei denen, die mit Hurra in den Krieg zogen, dauerte die Begeisterung nur solange, bis es zum ersten Mal gepfiffen hat. Es waren doch alles hoffnungsvolle junge Menschen, die Eltern, Geschwister und Bräute hatten. Sie wurden alle verheizt, alles umsonst." „Bei Behrles Haus (gegenüber Rathaus) steht eine steinerne Bank und davor ist eine Sandsteinplatte. Aus dieser Platte sind Zacken rausgebrochen. Das habe ich gesehen, als das passiert ist. Da stand ein Panzer, der diese Zacken rausgebrochen hat. Immer, wenn ich an dieser Stelle vorbeikomme, muss ich daran denken."

Einmal im Jahr kam ein mobiler Wagen in den Hof von der Schreinerei Dörle in der Karlstraße. Auf diesem Wagen war ein großer Kessel, in dem Kartoffeln mit Dampf gekocht wurden. Diese gekochte Masse wurde haltbar gemacht als Winterfutter für das Vieh. Wenn die Kartoffeln frisch gekocht waren, haben die Kinder sich einige davon stibitzt, Salz darübergestreut und gegessen. Das war ein Fest!

Da er in der Luisenstraße aufgewachsen ist, haben er und die anderen Kinder immer das wunderbare Obst im Garten des Tabakfabrikanten Schindler bewundert. „Da gab es wunderbares Spalierobst, und wir Buben wollten auch Obst haben. An der Karlstraße war eine Mauer und ein Zaun, über den wir geklettert sind. Da gab es einen Mirabellenbaum, von dem Schindlers nichts bekommen haben, die haben wir Kinder gegessen. Schindler hatte einen Ukrainer, Iwan hieß er, der ihm die Außenanlagen besorgt hat. Einer von uns musste schauen, wo der Iwan ist. War er nirgends zu sehen, sind wir in den Garten. Es gab auch Tomaten und wir Kinder waren sehr begierig auf all die Köstlichkeiten".

Nach dem Krieg, als in Herbolzheim französische Besatzung war, wohnten einige französische Offiziere mit ihren Familien im Ort. Eine dieser Familien mit ihren zwei Söhnen lebten in Winklers Nachbarschaft. Die Franzosen konnten in einem sogenannten Ökonomieraum einkaufen. Dort gab es Delikatessen, die für die Herbolzheimer Bevölkerung nicht zu haben waren.

„Ich sehe noch heute die Französin, die Orangen in ihrem Einkaufsnetz hatte. Wir Buben kickten auf der Friedrichstraße. Die beiden französischen Buben haben uns zugeschaut und Orangen gegessen. Die Schalen haben sie irgendwo hingeworfen. Als sie weg waren, sind wir hingerannt und haben die Orangenschalen aufgehoben und daran gerochen. „So schmecken Orangen!"

„Als Junge habe ich auch erlebt, wie die Familie Spindler die Galurastraße runtergelaufen ist auf dem Weg zum Bahnhof. Ich sehe noch heute die Frau Spindler, es war eine untersetzte Frau, im langen Rock auf dem Bahnhof stehen. Einer der Söhne hatte eine Geige in der Hand und hat gespielt. Wir haben gesehen, wie sie in den Zug eingestiegen sind. Aber ich kann nicht mehr sagen, ob es ein Güterzug oder ein Personenzug war. Wir Kinder wollten dann mal schauen, wie die Familie gewohnt hat, und sind hinaus gegangen in die Ziegelei. Aber da war schon die Ortspolizei und hatte alles abgesperrt. Ich erinnere mich gut, der alte Spindler hatte ein Rössle und ein Wagen. Damit ist er rumgefahren und hat Altmaterial gesammelt. Diesen Menschen wurde so nachgestellt. Sie durften ja beruflich nichts machen. Arbeit ist ihnen verweigert worden, aber sie mussten doch auch leben! Es wurde ihnen nachgesagt, dass sie stehlen. Sie haben sich nicht bereichert am Vermögen anderer. Aber sie mussten essen. Immer wenn etwas weg war, hieß es: „das waren Spindlers". Sie hatten eine, Angela hieß sie, es war eine schöne Frau. Aber die hatte den Ruf, dass sie klaut."

Walter Winkler während des Interviews.

„Diese Menschen haben Furchtbares erlebt! Aber das Schlimmste an der ganzen Sache ist, dass die Verantwortlichen nach dem Krieg nichts mehr davon wissen wollten. Alle hatten wieder schöne Posten auf den Ämtern usw. und später gute Pensionen."

„Leider hat sich nichts geändert, wenn einer die falsche Hautfarbe hat..."

Walter Winkler sieht mit großer Sorge die Entwicklung in der Welt. „Was da alles passiert in der Ukraine, in Israel, in Venezuela... und niemand ist da, der das alles stoppt. Und nun kommt auch noch die künstliche Intelligenz! Ich bin froh, dass mein Weg bald zu Ende ist."

Lieber Herr Winkler, wir danken Ihnen herzlich für dieses Gespräch und wünschen Ihnen noch viele schöne Jahre bei bester Gesundheit.

Das Interview führte: Claudia Bühler
Text: Claudia Bühler

Bäckerei

Bäckerei Dörr

Die Bäckerei Dörr in Wagenstadt hat eine lange und bewegte Geschichte und wurde über vier Generationen hinweg mit Leidenschaft geführt. Alles begann 1889, als Xaver Hämmerle, der Urgroßvater von Martin Dörr, die erste Bäckerei des Ortes in einem historischen Gebäude eröffnete – dem Geburtshaus des Malers Wilhelm Oesterle. Nach dem frühen Tod von Xavers Sohn Ernst Hämmerle im Jahr 1945 übernahm dessen Witwe Anna den Betrieb, unterstützt von ihrer gerade einmal 15-jährigen Tochter Irma. Im Dorf war Irma als „'s Becke Irma" bekannt. Sie war eine echte Pionierin und die erste Frau im Kreis Emmendingen, die die Gesellenprüfung bestand. Zusammen mit ihrer Mutter hielt sie den Betrieb durch die schwierigen Zeiten und übernahm ihn schließlich vollständig im Jahr 1950.

Irma hatte den Bäcker Josef Dörr aus Hüngheim kennengelernt, den das Schicksal nach seiner Kriegsgefangenschaft über Umwege nach Herbolzheim geführt hatte. 1950 heirateten die beiden. Mit Josef an ihrer Seite gelang ein weiterer Ausbau: 1968 erweiterten sie das Anwesen und verwandelten die alte Scheune und den Stall in eine moderne Backstube und ein Lager.

Schon früh wurde auch der 1956 geborene Sohn Martin in die Tradition eingebunden und half fleißig mit. Ihm wurde das Bäckerhandwerk regelrecht in die Wiege gelegt. So fuhr er vor der Schule mit dem Fahrrad frische Weckli nach Tutschfelden aus und erhielt beim Bockbierfest in Riegel, bei dem er aushalf, sein erstes berufliches Lob: „Die Brezeln kannst du schon besser als manch gelernter Geselle!" 1971 begann Martin seine Ausbildung bei der Bäckerei Kienzler in Kenzingen, und nach der Gesellenprüfung 1974 stieg er offiziell in den Familienbetrieb ein. Im Odenwald, im Geburtsort seines Vaters, lernte er Cornelia Jüngling kennen, die er 1978 heiratete. Die beiden übernahmen 1987 gemeinsam das Geschäft, aber vorher musste Martin noch die Meisterprüfung bestehen. Dazu besuchte er anderthalb Jahre lang die Meisterschule in Freiburg, abends nach der Arbeit. Cornelia tippte die handschriftlichen Notizen vom Unterricht am nächsten Tag ab, während Martin in der Backstube stand. Heute fragen sich beide, wie sie die Strapazen damals ge-

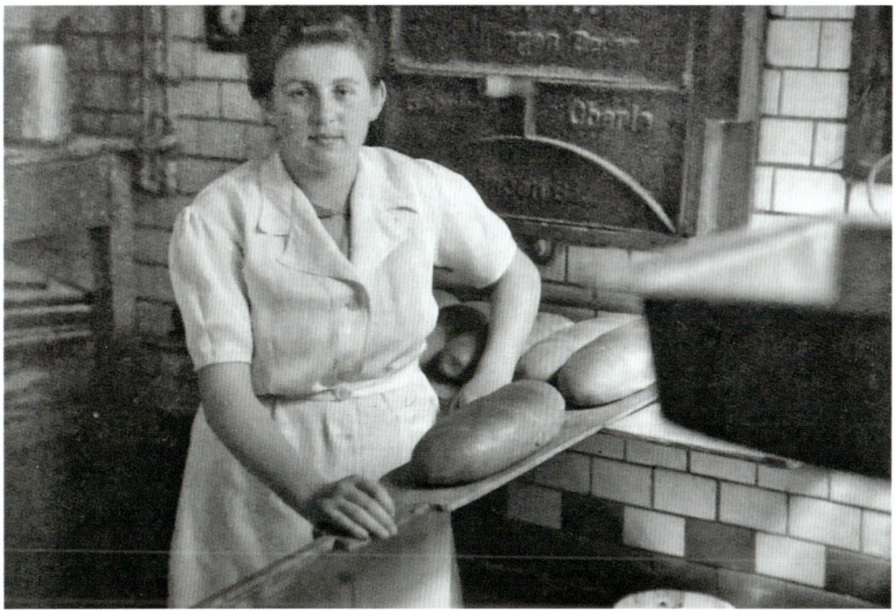

Links: Familie Hämmerle vor der Bäckerei; Aufnahmejahr unbekannt.

Ä Weckliguggele mit den Aufdruck der Bäckerei Dörr.

meistert haben. 1983 legte Martin erfolgreich die Meisterprüfung ab.

Die Bäckerei Dörr war ein fester Bestandteil des Dorflebens und wurde zum Inbegriff für traditionelle Leckereien, die für viele Dorfbewohner zu wichtigen Anlässen einfach dazugehören. Ob die große, geflochtene Hefebrezel zu Neujahr, fettgebackene Berliner vor der Fastenzeit oder die süßen Lämmchen zu Ostern – in Wagenstadt wusste jeder, woher das beste Festtagsgebäck kam. Eine heutzutage fast vergessene Tradition waren die „Brütmeggeli“: Am Abend vor einer Hochzeit spendierten die Brautleute große Spitzwecken an alle Kinder des Dorfes. Auch die Vereine aus Wagenstadt und Umgebung, wie das Rote Kreuz, der Sportverein oder der Gesangsverein, verließen sich auf die Bäckerei Dörr, genauso wie die Stadt Herbolzheim, die beim Neujahrsempfang auf die Dörr'schen Backkünste setzte.

Jeden Dienstag wurden rund 50 Häuser in Tutschfelden mit Backwaren beliefert; wer nicht zuhause war, stellte einfach einen Korb auf die Treppe, und die bestellten Leckereien wurden hineingelegt. Die Bäckerei war nicht nur ein Ort des Broterwerbs, sondern auch eine kleine Bühne für spontane und charmante Begegnungen. Besonders zur Fasnacht oder nach einem Fest vom Sportverein gehörte es schon fast zum Ritual, dass so manch ein heimkehrender Dorfbewohner spätabends an die Backstubentür klopfte und lachend rief: „Hesch scho Weckli?“ Diese nächtlichen Besuche brachten Leben in die Backstube und wurden mit einem Augenzwinkern und einem frisch gebackenen Brötchen belohnt.

1995 wurde ein neuer Backofen installiert – der alte hatte Rost angesetzt, nachdem er zweimal im Hochwasser stand. Das „Backofenfest“ zu diesem Anlass bleibt vielen bis heute in bester Erinnerung.

Über 33 Jahre lang führten Martin und Cornelia Dörr die Bäckerei mit Herz und Seele, unterstützt von ihren Kindern Diana und Andreas. Doch am Weihnachtstag 2020 endete die lange Tradition. Über 400 Leute kamen an diesem Tag in den Laden, um sich persönlich zu verabschieden und der Familie Dörr für all die Jahre zu danken. Sogar der Bürgermeister Ernst Schilling ließ es sich nicht nehmen, vorbeizuschauen. Für Martin waren gesundheitliche Gründe ausschlaggebend für die Schließung, aber auch die immer höheren Auflagen und das schwindende Interesse junger Leute am Bäckerberuf machten es schwer, einen Nachfolger zu finden.

Heute genießen Martin und Cornelia ihre wohlverdiente Ruhe, auch wenn die Erinnerungen an die vielen Jahre in der Bäckerei lebendig bleiben. Martin hat inzwischen das Modellflugzeugbauen für sich entdeckt und widmet sich diesem Hobby mit der gleichen Hingabe, die er einst in die Backstube brachte. Für beide bleibt vor allem eines wichtig: der Dank an ihre treuen Kunden, die sie über all die Jahre begleitet haben.

Einer der vielen Dankesbriefe, die die Familie Dörr zum Abschied erhalten haben.

Text von Chris Roser, basierend auf einem Interview mit Martin und Cornelia Dörr, das im Sommer 2024 vom Arbeitskreis Geschichte geführt wurde.

Martin Dörr und sein Geselle bei der Arbeit.

Martin und Cornelia Dörr hinter der Ladentheke.

NKENPARTNER
TELEFUNKEN

Radio- und Fernsehtechnik Kirner

Dass eine Kleinstadt wie Herbolzheim zukunftsorientierte und innovative Menschen sowie Betriebe beherbergt zeigt sich auch am Beispiel des einstigen Unternehmens „Radio- und Fernsehtechnik Kirner".

Wir sind mit Wolfgang Kirner verabredet und er begrüßt uns in seinem Büro/Studio, wo er tausende Bild- Ton- Videos sowie schriftliche Dokumente digitalisiert hat.

Wolfgang Kirner wurde 1940 in Berlin geboren. Auf die Frage weshalb er in Berlin geboren bzw. wie er nach Herbolzheim kam, erzählt er, dass sein Vater eine Stelle bei Telefunken in Berlin hatte. Die Familie, die ihre Wurzeln in Konstanz und Herbolzheim hatte, zog nach dem Zweiten Weltkrieg wieder hierher zurück. Der Vater hatte eine Stelle bei der Firma Stahlbau Greschbach gefunden. 1952 bezog die Familie eine Werkswohnung in der Moltkestraße.

Die Eltern hatten für ihren Sohn das Gymnasium vorgesehen. Jedoch wusste der kleine Wolfgang schon sehr früh welchen beruflichen Werdegang er einschlagen wollte und hat sich dem Wunsch der Eltern widersetzt. Sein Ziel war es Rundfunkmechaniker zu werden. Funk und Fernsehen war zu der Zeit Neuland und diese Tätigkeit noch kein Lehrberuf. Mit 15 Jahren bereits hat er für Bekannte und Nachbarn Radios repariert. Er war so interessiert an dieser Technik, dass er ohne Anleitung die Zusammenhänge verstand und so lange daran tüftelte, bis es funktionierte. In den kommenden Jahren sollte er auch selbst eigene technische Geräte entwickeln und bauen, aber dazu später mehr.

Nach Beendigung der Schule machte W. Kirner zunächst ein Volontariat bei der Firma Radio God in Herbolzheim. Daran schloss sich die Lehre zum Fernseh- und Rundfunkmechaniker bei der Firma Radio-Kaiser in Kenzingen an. Die Firma Kaiser produzierte Radios.

Der Beruf des Rundfunkmechanikers war seinerzeit so neu, dass es für die fachliche Ausbildung noch keine spezielle Sparte in der Berufsschule gab. So musste er im ersten Lehrjahr in der Berufsschule Emmendingen die Klasse zusammen mit den Elektrikerlehrlingen besuchen, obwohl das nur ansatzweise zielführend war. Später kamen doch einige Lehrlinge in diesem Berufszweig zusammen. Deshalb wur-

Ladengeschäft in der Moltkestraße.

de in Freiburg erstmals eine Klasse für Fernseh- und Rundfunktechnik eingerichtet, so dass W. Kirner dort schließlich die passende Berufsschule weiterbesuchen konnte. Den Facharbeiterbrief machte er 1958. Zu dieser Zeit hatte die Firma Radio-Kaiser mit der Produktion von Fernsehgeräten begonnen. Es war für den jungen Wolfgang ein Glücksfall in dieser neuen Abteilung mit einzusteigen. Bis 1960 hat er bei der Firma Kaiser in Kenzingen die Fernsehprodukion mit aufgebaut. Die Geräte wurden damals noch in Handarbeit hergestellt. Er hatte die Aufgabe, die Pläne für das dafür erforderliche Prüffeld zu erstellen und die notwendigen Messgeräte hierfür zu bauen.

1960 bekam er das Angebot von einer AEG-Tochter deren Fernseh-Kundendienst zu übernehmen. Es wurde ihm ein VW Käfer als Firmenwagen zur Verfügung gestellt, was ihm als begeisterter Autofahrer natürlich besonders zusagte. Das zu betreuende Gebiet umfasste das Dreieck Baden-Baden, Weil am Rhein und den Bodensee. Anfangs wurden die Geräte meistens von Vertretern an der Haustüre verkauft. Mit der Zeit gab es immer mehr Haushalte mit Fernsehgeräten, so dass die Arbeit immer mehr wurde. Oft hatten die Arbeitstage 12 Stunden und mehr.

Im Jahre 1965 heiratete Wolfgang Kirner seine Frau Marie-Luise Opfermann, die auch aus Herbolzheim stammte. Eine Hochzeitsreise musste leider ausfallen, weil der junge Ehemann erneut die Arbeitsstelle gewechselt hatte und nicht gleich Urlaub nehmen konnte. Er fing bei einer Freiburger Firma als Service-Mitarbeiter für Montage und Antennenbau an. Nach einiger Zeit arbeitete er für die gleiche Firma mit zwei weiteren Kollegen in einem kleinen Ladengeschäft mit Werkstatt in der Schwarzwaldstraße, wo sowohl stationär Reparaturen ausgeführt, als auch aushäusig Kundendienst angeboten wurde. In diesem Ladengeschäft wurden auch Radios, Fernseher, Glühbirnen usw. verkauft.

Die Meisterprüfung legte W. Kirner 1968 ab. Die Handwerkskammer hatte zur Auflage gemacht, dass ein solches Geschäft durch einen Meister zu führen sei.

Schließlich entstand die Idee sich selbstständig zu machen. Bei einem Spaziergang entdeckte das junge Ehepaar Kirner, dass das Ladengeschäft in der Moltkestraße 39 (zuvor Lebensmittelladen Geiger) momentan leer stand und sich wunderbar für ihre Zwecke eignen könnte. 1973 war es soweit, die Räume in der Moltkestraße wurde angemietet und in Eigenarbeit als Laden und Werkstattraum eingerichtet. Decken wurden abgehängt, Wände eingezogen. Leuchten installiert sowie Regale und Podeste eingebaut. Marie-Luise und Wolfgang Kirner begannen ihre Selbstständigkeit. Während Wolfgang für das Praktische zuständig war, entwickelte sich Marie-Luise zu einer erfolgreichen Allround-Kraft welche u.a. zuverlässig die Buchhaltung, Löhne sowie auch einen Großteil des Verkaufs erledigte.

Aufgrund dessen, dass W. Kirner ein begnadeter Musiker ist und als solcher mittlerweile dieses Hobby fast schon semiprofessionell betrieb, ergab sich als logische Folge, dass auch die Musikerszene der Region ihn immer öfter wegen Reparaturen an Musikinstrumenten, Verstärkern usw. anfragte. So entwickelte sich im Radio- u. Fernsehtechnik Unternehmen des Ehepaares Kirner ein weiterer, erfolgreicher Geschäftszweig. Sein Ruf hatte mittlerweile auch die Stadt Freiburg erreicht und es erwuchs daraus eine rege Zusammenarbeit mit dem damals und heute noch bestehenden großen Freiburger Musikgeschäft Bertram. Aufgrund des Vorschlages vom damaligen Firmeninhaber Peter Bertram wurde im Geschäft der Firma Kirner schließlich auch eine Filiale eröffnet, zum Vertrieb von Musikinstrumenten und Zubehör. Ab dieser Zeit bot das Ehepaar Kirner in ihrem Geschäft Radios, Fernseher und Musikinstrumente sowie Zubehör und für alle Bereiche auch den entsprechenden Kundendienst an.

Im Auftrag der Fa. Bertram machte W. Kirner in Hamburg einen Lehrgang für Hammond-Orgeln. In den USA erwarb der Inhaber des Musikhauses, Peter Bertram, ca. 50 Hammond Orgeln, die in den Staaten reichlich vorhanden, jedoch in Europa noch recht

Marie-Luise und Wolfgang Kirner mit Mitarbeitern vor dem Schaufenster.

rar waren und aufgrund des besonderen Klanges immer beliebter wurden. Diese wurden in einem Container per Flugzeug nach Deutschland und schließlich in die Lagerräume der damaligen Herbolzheimer Glaserei Hans in der Hauptstraße transportiert. Da diese Orgeln elektromechanisch funktionieren und für den Betrieb in Europa eine andere Netzfrequenz sowie Netzspannung benötigen, mussten sie entsprechend umgerüstet werden. Mit dieser Aufgabe wurde Wolfgang Kirner betraut. Dazu hat er einen Frequenzwandler entwickelt, den er in die Orgeln eingebaut hat, damit sie auch hier eingesetzt werden konnten.

Im Verlauf der vielen Jahre hat W. Kirner auch viele elektronische Orgeln der unterschiedlichsten Fabrikate instandgesetzt. Im Jahre 1974 ging es um ein solches Instrument in der Kirche in Ihringen, am Kaiserstuhl. Wegen der benötigten Ersatzteile musste er die Herstellerfirma Ahlborn kontaktieren. Einige Zeit später erreichte ihn die Anfrage der Fa. Ahlborn, ob er den Service der Firma übernehmen könne.

Im Jahre 1975 erfolgte der Kauf des Hauses in der Moltkestraße 39 und anschließend der umfangreiche Umbau desselben. So wurde unter anderem die Eingangstüre von der Nordseite auf die Frontseite verlegt.

Marie-Luise und Wolfgang Kirner führten 30 Jahre lang sehr erfolgreich ihr Geschäft und bildeten während dieser Zeit sechs Lehrlinge aus. Wolfgang Kirner war außerdem im Gesellenprüfungsausschuss sowie im Meisterprüfungsausschuss seiner Branche tätig und arbeitete auch als Gutachter.

2005 entschloss sich das Ehepaar seinen Betrieb zu schließen und in den „Unruhestand" zu gehen.

Dass Wolfgang Kirner ein enorm vielseitiger Mensch ist, kann man an seinen zahlreichen Hobbies erkennen. So hat er sich lange Jahre in der Fastnacht engagiert. Er war im Elferrat, ist Ehrenmitglied im Schützenverein und wurde immerhin zweimal Schützenkönig.

Aber seine größte Passion ist die Musik. Wie schon zuvor erwähnt ist er ein brillanter Musiker, der mehrere Instrumente beherrscht und zweifelsohne zum Urgestein der Herbolzheimer Unterhaltungsbands gehört. Neben seiner über Jahrzehnte und die gesamte Zeit des Bestehens überdauernde Zugehörigkeit der Band „Bing Boys" bei denen er auch Gründungsmitglied war, gehörte er auch über viele Jahre der enorm ambitionierten u. semiprofessionell tätigen Band „Airport" an. Später gelang es ihm die erste Herbolzheimer Big Band „Music Corporation" zu gründen und über viele Jahre erfolgreich als deren Dirigent und Arrangeur nicht nur musikalisch zu leiten.

In den letzten Jahren hat er seine Liebe zur Musik und sein technisches sowie elektronisches Können verbunden um unzählige Dokumente und Videos zur Musik sowie auch zur Geschichte der Stadt Herbolzheim zu digitalisieren.

Wolfgang Kirner und die Musik, das ist einen eigenen Artikel wert. Fortsetzung folgt!

Ladengeschäft Verkaufsraum.

Reparatur Werkstatt.

Interview und Bericht: Claudia Bühler und Stefan Fleck

Impressum

Titel
Geschichte & Geschichten aus Herbolzheim und den Ortsteilen, Ausgabe 3

Herausgeber
Stadt Herbolzheim

Redaktion
Stadt Herbolzheim in Zusammenarbeit mit dem Arbeitskreis Geschichte & Geschichten

Verantwortliche im Sinne des Presserechts
Stadt Herbolzheim

Titelbildgestaltung
Stadt Herbolzheim

Layout
Stadt Herbolzheim

Satz
Charmaine Wagenblaß (vr)
Andrea Sitzler (vr)

Endkorrektorat
Tillmann Max (vr)

ISBN
978-3-95505-508-0

Bibliografische Information der Deutschen Nationalbibliothek
Die Deutsche Nationalbibliothek verzeichnet diese Publikation in der Deutschen Nationalbibliografie; detaillierte bibliografische Daten sind im Internet über dnb.de abrufbar.
Diese Publikation ist auf alterungsbeständigem und säurefreiem Papier (TCF nach ISO 9706) gedruckt entsprechend den Frankfurter Forderungen.

Herstellung
verlag regionalkultur
Ubstadt-Weiher • Heidelberg • Stuttgart • Speyer • Basel

Verlag Regionalkultur GmbH & Co. KG
Bahnhofstraße 2 • D-76698 Ubstadt-Weiher
Tel. 07251 36703-0 • *Fax* 07251 36703-29
E-Mail kontakt@verlag-regionalkultur.de
www.verlag-regionalkultur.de